35の実践事例

明日から使える
ミライシード
子ども主体の学びを実現！

感覚的な操作が可能！

考えを共有し
対話を促進！

著者
青木秀夫／浅見拓真／岩本紅葉／金原洋輔／佐納達平／高橋蔵匡／たのけん／
津田　信／中里彰吾／西村知夏／二川佳祐／福住里絵／水谷智明／吉田沙也加
ベネッセコーポレーション

時事通信社

この本を手にとってくださったあなたへ

　このたびは、ミライシードに関する初めての書籍をお手にとっていただき、心からありがとうございます。この本の企画を提案した、東京都公立小学校勤務の二川佳祐です。これまで数冊のICT関連の書籍に関わってまいりましたが、この本には特に思い入れがあります。ミライシードは全国10,000校以上の学校に導入されているにもかかわらず、まだ活用に伸びしろがあるという感覚があります。もっとたくさんのユーザーにミライシードの魅力に触れてほしいと思って発信を続けています。この本も、「もっとミライシードを使いたい！」「もっとよい授業がしたい！」という先生方に向けて、新たな一歩を踏み出していただくために著しました。

　知識を得ることは、新しいツールを活用する第一歩です。この本を通じて、ミライシードの世界に触れ、その魅力を実感していただきたいです。読んだ後には、ぜひ手を動かして、実際にアプリを使ってみてください。また著者とFacebookでつながったり、Facebookの「ミライシード研究グループ」というグループに入ったりしてみてください。その一歩が、授業の質を変え、子どもたちの未来を豊かにします。まずは、大人が学びを楽しみ、変わっていくことが大切です。

　本書を読むことで、ミライシードの活用の幅が広がり、新たな授業のアイディアに満ちあふれるはずです。そのインスピレーションと実践のための具体的な道筋を提供するべく、以下の構成でお届けします。

- 第1章では、ミライシードの各アプリを細かく説明し、それぞれの特徴と基本的な使い方を解説します。

- 第2章では、全国の先生方による実践事例を紹介します。これらの事例は、各アプリを使った実際の授業の様子を反映しており、皆さんの授業にすぐに活用できる実践的な知識が満載です。

- 第3章では、これから進化するミライシードに焦点を当て、どのように変わっていくのかをお伝えしていきます。

　特に強調したいのは、ここで紹介する事例はすべて国公立学校で行われているものであり、全国の様々なお立場の先生方による実践だということです。決して特別なものではなく、あなたの授業の延長線上にあるものです。このことを心に留めて、ぜひチャレンジしてみてください。

　最後に、この本をきっかけにつながり、共に学び続けることができることを願ってやみません。この本は一つの出会いだと思っています。知識との出会い、実践との出会い、全国の先生との出会いです。これらの出会いがさらに深い知見をあなたにもたらし、そしてワクワクする感情もプレゼントしてくれると思っています。この本をきっかけに共に学び続けましょう。

東京都公立小学校勤務

ミライシード コミュニティマネージャー

二川佳祐

も く じ

第1章　ミライシードとは ……………7

第2章　実践事例集　オクリンク……………25

● 実践事例集　ムーブノート……………71

第 3 章　これからのミライシード‥‥‥‥‥133

01

第1章
ミライシードとは

ミライシードとは

ミライシードは、
小中学校向けタブレット学習用ソフトです

　「個別最適な学び」と「協働的な学び」の一体的な充実から教育効果の可視化まで、1つのソフトで完結できる「オールインワンソフト」で、煩雑なログインIDの管理は不要。学習データの一元管理が可能です。

　「ミライシード」は、2014年のリリース後、GIGAスクール構想によって導入が拡大し、全国の小中学校の約30％に相当する約10,000校超（2024年4月導入実績より）で利用されています。

　直観的な操作で子どもが考えを自由に表現できる授業支援アプリ「オクリンク」や、意見共有・相互評価をリアルタイムで実現できる協働学習アプリ「ムーブノート」。また、2024年には「オクリンク」と「ムーブノート」で特に好評を得ている機能を拡張させた「オクリンクプラス」がリリースされました。さらにAIを搭載したアダプティブドリル「ドリルパーク」、発達特性に応じた学習ができる「まるぐランド for School」なども内包しています。

　リリースから10年を迎えた2024年。これまでミライシードを活用してきた多くの先生からの意見や、これからの学校教育を見通し、大規模な機能改善や新企画の検討が進んでいます。

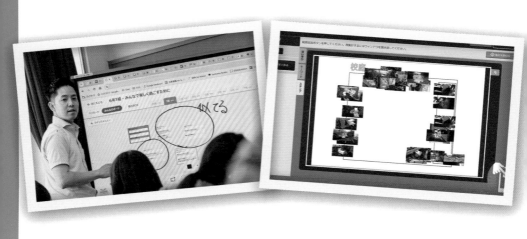

オクリンク
一人ひとりが自分の考えやアイディアを自由に表現、発信
他者の考えと触れ合い、思考を深める

ムーブノート
クラス全体の意見を瞬時に把握、相互評価で高め合う
子ども主体、全員参加の授業へ

オクリンクプラス
個人思考から協働的な学びをシームレスに
児童生徒自身が先導する授業を実現

ドリルパーク
AI で個々に合ったレベル・ペースで、知識の確かな定着へ

まるぐランド
読み書き・認知特性の基礎スキルを測定
児童一人ひとりの特性に合った学びを実現

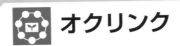 **オクリンク**

シンプルな操作性で小学校低学年でもスムーズに使用できるアプリ
自分の意見やアイディアを自由に表現し、共有することができます

＼ こんなことができる！ ／

【カードを作る】子ども自身がカードを立ち上げ、ペンツールや画像、動画挿入などの機能を用い自分に合った方法で表現することができます

ワンタップでリングメニューを開き、自分の表現方法を選択します。画像を貼る、説明をテキストで入れる、音声で表現するなど、様々な方法から最も適した表現方法を選ぶことで、制約なく自由にアウトプットすることができます。

写真を撮ったり、音声を録音したりしてカードに挿入するには「カメラ・マイク」、別に保存した資料データなどを挿入するには「ファイル」を選択する

【オクリンクの基本画面（ボード）】

ボードをタップすると「リングメニュー」が現れる。作りたいカードの種類を選択し、カード作成をスタートさせる

白紙のカードを選択して白紙カードを作って（カード編集画面にして）から、「ペイント」や「文字」などの機能を使うことも可能

【カード編集画面メニュー】

白紙のカードをタップすると、上部にメニューが表示された「カード編集画面」が開く。メニューをタップすると、該当モードの画面に切り替わり、カード編集ができる

「ペン・消しゴム」をタップするとペイントモード画面に切り替わる。ペイントモードでは自由な書き込みが可能。文字入力をしたい場合は「文字」、線などを書き込みたい場合は「線・矢印」、図形を入れるには「図形」を選択する

この順番にした理由

調べたら年号的にそんな順番だったから。最初の画像の中心の人物がいるのは1856年くらいまでしかいないような気がする。3番目は、日本人と中国人が釣りをしているから日清戦争かなと思った。次に日露戦争だから4枚目に置いた。

 オクリンク

写真や動画、音声をカードに挿入するには「カメラ・マイク」をタップ。画面左上の「写真・ビデオ・録音」メニューで機能が切り替わる

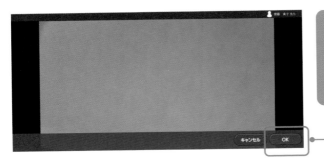

「写真」をタップすると、カメラが作動。撮影後、右下の「OK」をタップするとカードに画像が挿入される。撮り直す場合は「キャンセル」をタップ

「録音」をタップするとマイクが表示される。右下の赤い丸をタップすると録音開始。終了すると「キャンセル・OK」が表示される。「OK」でカードに挿入、「キャンセル」で録り直し

「カードの色」をタップするとカードの背景色を変えることができる

別データとして保存しておいた資料などをカードに挿入するには「取り込み」をタップ

こんなことができる！

【カードを作る】作成したカードをつなぎ合わせ、思考を整理。簡単にプレゼンテーション資料も作成できます

　作成したカード同士を近づけると自動でつながり、考えを順序立てて整理することが可能です。カードの並べ替えや削除なども、直感的な操作で簡単に行えるので、伝え方を考えることに集中できます。
　また、カードの連結機能を活用し、カテゴリー分け、系統整理などに用いていただくことも有効です。

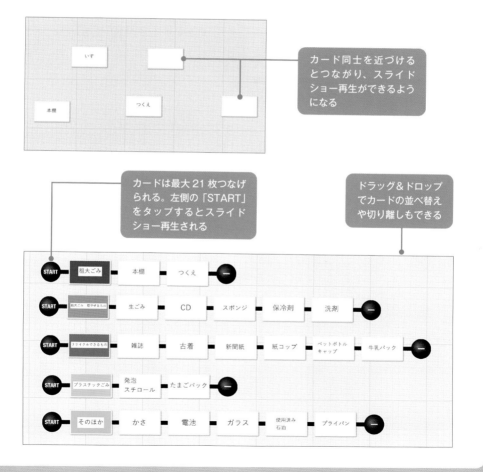

カード同士を近づけるとつながり、スライドショー再生ができるようになる

カードは最大21枚つなげられる。左側の「START」をタップするとスライドショー再生される

ドラッグ＆ドロップでカードの並べ替えや切り離しもできる

＼ こんなことができる！／

【カードを送る】友達同士でカードを送り合うことが可能です。グループやペアで思考し、考えを膨らませたり広げたりすることができます

　カードをボード画面下の「オクルボタン」にドラッグ＆ドロップすれば、友達やクラス全体にカードが共有できます。送られてきた友達のカードを使い、自分のカードとつなげたり再編集したりすることで、考えを深め筋道を再構築していきます。また、友達からのフィードバックをカードで受け取り自分の振り返りに使用することもできます。

「オクルボタン」にカードをドラッグ＆ドロップすると「どこにおくりますか？」と表示される。送り先を選択してカードを送る。「みんな」からクラス全員や特定の人物を選んで送ることもできる

ボード画面左上にある「フタバマーク」をタップするとメニューが表示される。「ロック」を選択すると、子ども同士の送り合いなどを制御することもできる

友達（子ども）のカードに、花丸を書き込んだり、コメントを入力して送り返すことができる

質問に対してきちんと答えられるように練習する

お辞儀をするときに床が見えるくらいお辞儀をすれば前よりもよくなる
今日の練習では、動作がとてもよくなったね。

こんなことができる！

【カードを見る】先生やクラス全体にカードを共有し、考えを発表し伝える力の育成につなげます

「提出BOX」に提出されたカードは一覧表示されるので、先生は子どもたちの意見を比較しながら授業を進めることができます。また、「比較する」ボタンで取り上げたいカードを絞り込んで投影することができます。反対意見、類似した意見などをあえて取り上げ、クラスの意見交流などを進めていきます。

スライドショー機能などを使い、自分のカードをクラス全体に説明する活動を行えば、考えを表現する力を鍛えられます。

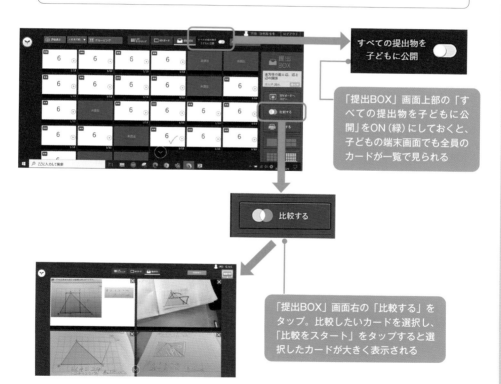

すべての提出物を
子どもに公開

「提出BOX」画面上部の「すべての提出物を子どもに公開」をON（緑）にしておくと、子どもの端末画面でも全員のカードが一覧で見られる

比較する

「提出BOX」画面右の「比較する」をタップ。比較したいカードを選択し、「比較をスタート」をタップすると選択したカードが大きく表示される

 各種マニュアルは、先生用ポータル画面の右上をタップすると出てくる「ヘルプ」から確認できます。

ムーブノート

個人の意見を瞬時にクラス全体に共有。他者の意見を取り入れながら自分の意見を見直し、考えをさらに深めて新しい気づき・発見を生み出す、全員参加の授業を実現します

＼ こんなことができる！／

【カードを作る】質問に対する回答を選択させる形式（選択肢）など、授業内容や進め方に合ったワークシート（カード）が簡単に作れ、クラス全体の意見傾向を可視化しながら授業を展開させることができます

基本画面（私のノート）をタップしてリングメニューを開き、作成したい形式でカードを作成していきます。

【ムーブノートの基本画面（私のノート）】

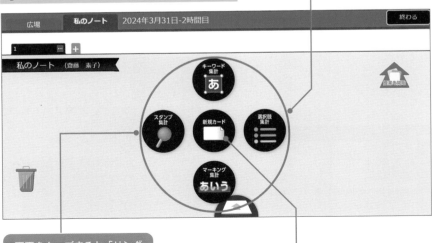

キーワードやスタンプ、選択肢など子どもたちの意見傾向を集計するための様々なカードが作成できる

画面をタップすると「リングメニュー」が現れる。作りたいカードの種類を選択し、カード作成をスタートさせる

「新規カード」を選択して白紙カードを作って（カード編集画面にして）から、様々な集計手法を取り入れることもできる

【カード編集画面メニュー】

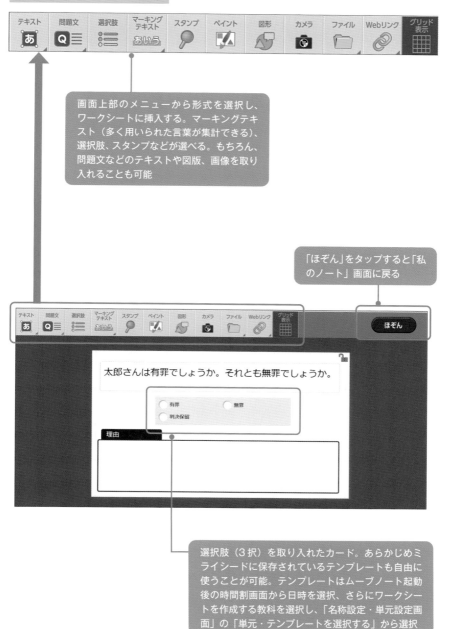

画面上部のメニューから形式を選択し、ワークシートに挿入する。マーキングテキスト（多く用いられた言葉が集計できる）、選択肢、スタンプなどが選べる。もちろん、問題文などのテキストや図版、画像を取り入れることも可能

「ほぞん」をタップすると「私のノート」画面に戻る

太郎さんは有罪でしょうか。それとも無罪でしょうか。

○ 有罪　　　○ 無罪
○ 判決保留

理由

選択肢（3択）を取り入れたカード。あらかじめミライシードに保存されているテンプレートも自由に使うことが可能。テンプレートはムーブノート起動後の時間割画面から日時を選択、さらにワークシートを作成する教科を選択し、「名称設定・単元設定画面」の「単元・テンプレートを選択する」から選択

＼ こんなことができる！ ／

【意見共有】子ども同士で意見やアイディアを参照し合い、コメントや「はくしゅ」ボタンで相互評価することができます

　子どもたちがまとめた意見を「オクルボタン」から「広場（ひろば）」に送ると、瞬時にクラス全体に共有されます。意見を読み合い、「はくしゅ」やコメントで感想や反応を示すことができ、自分の気づきを深めることにつながります。

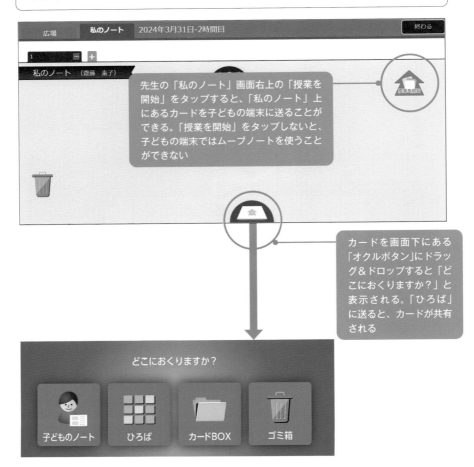

先生の「私のノート」画面右上の「授業を開始」をタップすると、「私のノート」上にあるカードを子どもの端末に送ることができる。「授業を開始」をタップしないと、子どもの端末ではムーブノートを使うことができない

カードを画面下にある「オクルボタン」にドラッグ＆ドロップすると「どこにおくりますか？」と表示される。「ひろば」に送ると、カードが共有される

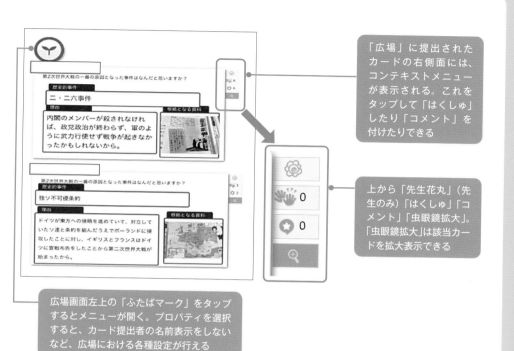

「広場」に提出された
カードの右側面には、
コンテキストメニュー
が表示される。これを
タップして「はくしゅ」
したり「コメント」を
付けたりできる

上から「先生花丸」（先
生のみ）「はくしゅ」「コ
メント」「虫眼鏡拡大」。
「虫眼鏡拡大」は該当カー
ドを拡大表示できる

広場画面左上の「ふたばマーク」をタップ
するとメニューが開く。プロパティを選択
すると、カード提出者の名前表示をしない
など、広場における各種設定が行える

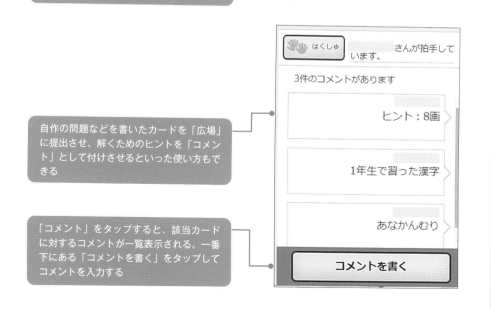

自作の問題などを書いたカードを「広場」
に提出させ、解くためのヒントを「コメン
ト」として付けさせるといった使い方もで
きる

「コメント」をタップすると、該当カード
に対するコメントが一覧表示される。一番
下にある「コメントを書く」をタップして
コメントを入力する

こんなことができる！

【意見の可視化】「みんなの広場」上で意見を分類・整理し、クラスの考えを可視化することができます

　設定から「広場」上のカードの置き方を選択。「自由に置く」を選ぶと、子どもたちも自由にカードを置くことができます。また、キーワードやスタンプ、選択肢で集めた意見を集計して表示することもできます。

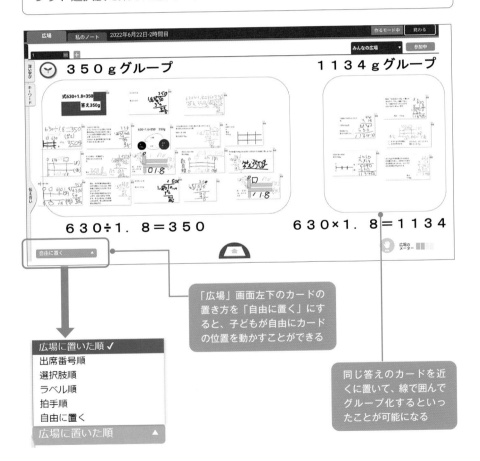

「広場」画面左下のカードの置き方を「自由に置く」にすると、子どもが自由にカードの位置を動かすことができる

同じ答えのカードを近くに置いて、線で囲んでグループ化するといったことが可能になる

「広場」画面左上の「キーワード」をタップすると、提出されたカードのキーワード集計ができる。「キーワード欄」に検索したい語句を入力して「追加」をタップすると、「広場」内のカードに、いくつその語句が使われているかが表示される

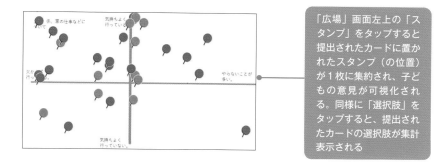

「広場」画面左上の「スタンプ」をタップすると提出されたカードに置かれたスタンプ（の位置）が1枚に集約され、子どもの意見が可視化される。同様に「選択肢」をタップすると、提出されたカードの選択肢が集計表示される

各種マニュアルは、先生用ポータル画面の右上をタップすると出てくる「ヘルプ」から確認できます。

基本操作法

 ドリルパーク

基礎基本の定着から、思考力・判断力・表現力の育成まで、AI、自動採点などデジタルの特性で効率よく学習を進め、主体的な学習態度を育成します

＼ こんなことができる！ ／

【課題配信】自学自習の教材としてはもちろん、宿題や小テストの課題として配信することもできます

　豊富な問題の中から、先生が学習状況に合わせた問題を選択して宿題としたり、単元末の小テストとして配信することができます。オリジナルの問題を作成し、ドリルを作ることもできます。

　課題の予約配信設定も可能。長期休みの間、1週間ごとに課題が届くような配信設定を行い、学習ペースを維持させるといった活用方法もあります。

【ドリルパークの基本画面）】

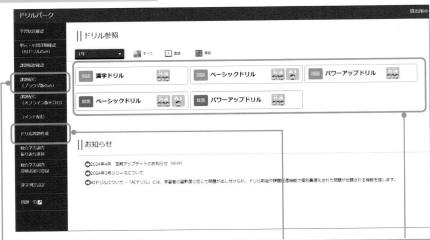

基本画面左から「課題配信（ブラウザ版のみ）」をタップ。配信先や配信種類、問題を選択して配信する。配信した課題は「課題履歴確認」から確認できる

国語、算数・数学、理科、社会、英語（中学校のみ）について、様々なドリル集が用意されており、課題や小テストとして配信したりすることができる。オリジナル問題は「ドリル問題作成」をタップして作成していく

＼ こんなことができる！ ／

【分析】正答率や取り組み時間などが学習履歴から瞬時に把握できるため、声掛けが必要な子どもの特定などが容易に。丁寧な指導が実現します

　AIドリル、共通ドリル＊ともに、いつどのドリルに取り組んだのかが分かり、漢字ドリル以外のすべてのドリルの解答時間と正答率も分かります。

＊ドリルには、習熟度などに応じて異なる問題が出題される「AIドリル」と、全員に同じ問題が出題される「共通ドリル」の形式がある。
　AIドリルとは、学習者の習熟度に応じて問題が出し分けられ、ドリルの取り組みや課題配信機能で個別最適化された問題が出題される機能を指します。

基本画面左から「学習状況確認」をタップすると学習履歴が表示される

状況確認したい期間を設定する

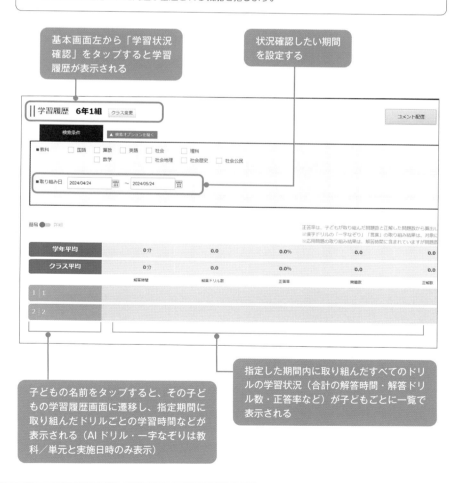

子どもの名前をタップすると、その子どもの学習履歴画面に遷移し、指定期間に取り組んだドリルごとの学習時間などが表示される（AIドリル・一字なぞりは教科／単元と実施日時のみ表示）

指定した期間内に取り組んだすべてのドリルの学習状況（合計の解答時間・解答ドリル数・正答率など）が子どもごとに一覧で表示される

 ドリルパーク

＼ こんなことができる！ ／

【AIを活用】AIによって、個々の理解度に合わせた問題演習が可能。基礎定着、応用力養成など個別最適な学習で必要な力を伸ばすことができます

　複数あるドリル集のうち「ベーシックドリル」について、理解度や習熟度に応じて、フォロー問題や類題が自動的に出題される形式（＝AIドリル）が選択できます。学習者の状況に応じた演習を可能にします。

　AIドリルに限定した学習状況が、基本画面左の「単元・小問詳細確認（AIドリルのみ）」から確認できます。クラスとしての正答率などがグラフで表示され、全体的な傾向が把握できます。

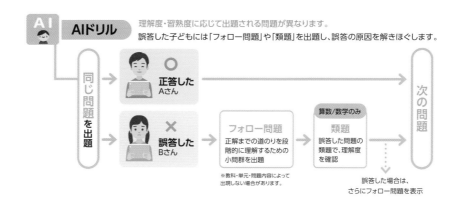

ドリルパークにはこんな工夫も！

　ドリルに取り組むとポイントが獲得でき、ポイントがたまると、グレードが上がっていきます。さらに、連続して正答するとボーナスポイントとなるメダルも付与され、正答したことへの達成感を醸成します。ゲーム感覚で友達とポイントを競ったり、次のグレードを目標にしたりしてドリルに取り組むモチベーションを引き出します。

 各種マニュアルは、先生用ポータル画面の右上をタップすると出てくる「ヘルプ」から確認できます。

02

第 2 章
実践事例集

オクリンク

オクリンク

小学校1年生 | 図画工作

事例 01

ペンシールを使って絵を描こう！
「すきなものなぁに」

事例の背景 .... ● Background

タブレットで絵を描く初めての経験！

　1年生の図工の題材には自分の好きなものを思い浮かべ、パスの基本的な扱い方で画用紙にのびのび表すという内容のものがあります。子どもたちにとってタブレット端末が身近なものになり、タブレット端末を画材の一つと捉えて授業をする必要が出てきました。オクリンクの手書き機能（ペイントモード）は、気軽に絵を描いたり、消したりすることができるので、絵を描くことが苦手な児童にとっても挑戦しやすい題材です。

実　践 .... ● Practice

step 1 基本的な手書き機能の使い方

　教師が、ペイントモード画面上部に表示される手書き機能の「書く」「蛍光ペン」「消す」「太さ」「ペンの色」「もどす」「すすむ」「全て消す」について子どもたちに説明します。カード編集画面のメニュー「カードの色」から描くもののイメージに合わせてカードの背景色を変えることができること、簡単に描き直すことができることを伝えます。

ボードをタップしリングメニューから白紙カードを作成。カード編集画面から「ペン・消しゴム」をタップすると、ペイントモードの画面になる

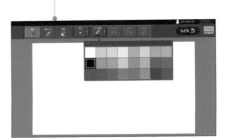

step 2　手書き機能で絵を描く

　カードの色を自分のイメージに合わせて変更し、手書き機能で好きなものを描きます。描き終わったら、「もどる」をタップしてカード編集画面に戻り、「ほぞん」をタップ。ボードに戻るので、新しいカードを作り、2枚目、3枚目と絵を増やしていきます。

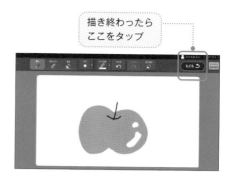

描き終わったら
ここをタップ

step 3　絵のカードをつなげて提出する

　ボードで描いたカードをつなげて、つながっている状態のまま「オクルボタン」から「提出BOX」に提出します。提出後に修正したくなった場合は修正したものを再提出します。再提出することで「提出BOX」に提出されたカードが修正されたものに更新されます。

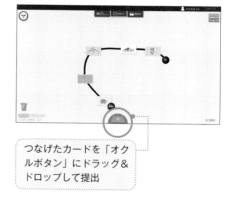

つなげたカードを「オクルボタン」にドラッグ＆ドロップして提出

step 4　友達の作品を鑑賞する

　提出された友達のカードを鑑賞します。この際、「提出BOX」画面右上にある「すべての提出物を子どもに公開」をONにし、友達のカードが見られるようにしておきます。

　授業の最後には、振り返りカードを配付。記入して「提出BOX」に提出してもらいます。

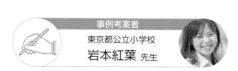

事例考案者
東京都公立小学校
岩本紅葉 先生

オクリンク

事例 02 対話的活動を通して 図形の共通点を見つけ、 既習事項の習得を図る

事例の背景 .... ● Background

既習事項を使って、活動的に楽しく知識を習得できる授業

　本時までに、簡単な三角形と四角形の図形の定義について学習を行いました。本時では、その定義について楽しく習熟を図りたいと考え、授業の4つの柱を次のように決めました。

① グループ活動を通して、図形の特徴を捉えて図形の仲間分けをさせたい
② グループ内で同じ図形がないようにしたい
③ 児童一人ひとりの知識習得状況に合わせた課題を与えたい
④ ゲーム感覚で仲間を見つけ、既習事項を授業の中で自然と習得させたい

　この4つの点を達成するためには、オクリンクでの授業が最適であると考え、授業を構成しました。

実　践 .... ● Practice

step 1 それぞれ異なる図形が描かれたカードを クラスの人数分作成する

　図形の仲間分けに必要なカードを用意します。図形はPowerPointで作成し、JPG化して保存しておきます。ボードからリングメニューを出し、白紙カードを選択。カード編集画面のメニューから「取り込み」をタップして図形画像をカードに取り込みます。カードはクラスの人数分を用意。同じ図形がないようにします。

　カードを「オクルボタン」にドラッグ＆ドロップ。送信先に「みんな」を選び、授業開始までに、1人に1枚カードを送信しておきます。クラス名簿などに、どのカードを誰に送るかメモを作成しておくと、送信時にミスがなくなります。また、授業開始前に送ることで、図形の難易度を考えた上で送る子どもを決定できます。

話し合いをまとめるためのカードを作成

　PowerPointで話し合い用のカードのレイアウトを作成します。左側が仲間分けした図形を貼り付けるスペース、右側が仲間分けにした理由を記述するスペースにします。

　作成したレイアウトを画像にしてオクリンクのカードに取り込み、カードのサイズに合わせてリサイズします。画像は必ず、子どもが操作するときに動かないようにロックをかけておきましょう。レイアウトをPowerPointで作成するのは、1枚の画像として取り込むことで子どもが誤操作しにくいようにするためです。

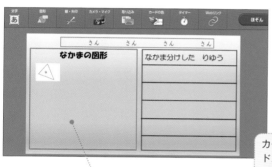

> カード上の画像をタップすると、ボードメニューとは別のメニューが表示される。ここから「ロックする」をタップすることで画像を固定できる

step3 同じ図形の仲間を見つける

　事前に送信したカードがクラス全員に届いているか確認します。一人ひとり違う図形が送られてきていることはここでは言わず、「同じ仲間の図形だと思う人とグループを作りましょう」と発問します。子どもたちは自分の図形カードを見せ合いながら、仲間を探します。三角形と四角形、そうでない図形の3つのグループができます。

　クラスの人数が多い場合は、あらかじめクラスを二分（赤白帽子で分ける）して行うと、仲間分けがしやすくなります。赤は赤の人、白は白の人の中で、同じ仲間の図形を探してグループを作らせます。

> タブレットに自分が受け取ったカードを表示させ、同じ図形の仲間を楽しみながら探していく

グループができたら話し合い、まとめカードを送信

　グループができたら、その中の1人（A児童）にstep2で作成したまとめカードを送信します。グループメンバー各自に、自分の図形カードをスクリーンショットして、画像として保存させ、白紙のカードに取り込んで、A児童に送信させます。A児童は、受け取ったカードをトリミングし、まとめカード左のスペースに貼り付けていきます。グループで、なぜこの図形が仲間だと考えるのか、理由を話し合わせて、右のスペースに記述させます。

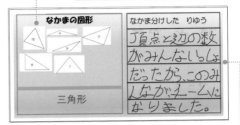

> グループメンバーがスクリーンショットして送った画像を、代表者となるA児童が貼っていく

> グループのメンバーで話し合って、仲間分けした理由を書き込んでいく

 「提出BOX」にまとめカードを提出し、理由を共有化

　A児童にまとめカードを「オクルボタン」から「提出BOX」に提出させます。グループごとに教室の前に出て、仲間分けの理由について、カードを拡大表示したモニターの前で説明していきます。説明するグループのカードをタップすると大きく表示されます。説明時に既習事項のワードや次時につながる説明があったら、しっかり評価して褒めていきます。

> 説明を行うグループのカードをタップすると、大きく表示される

> タブレットを使った授業でも、前に立って話をすることは大切

考　察 .... • Look Back

　タブレットを持って歩き、画面を見せ合いながら、楽しく既習事項の習熟を図ることができました。ただ画面をにらめっこし、座って課題に向き合うだけがタブレットの使い方ではありません。タブレットを使い、子ども同士が自然と対話し、活動の中で学力を付けることができるような授業を考えることの大切さについて実感することができました。

　また、事前にカードを送信しておくことで、グループのメンバー構成を決めておくことができます。送信した課題を把握しているので、「この子はここでつまずくだろうな」と予測することもでき、適切な支援と声掛けを行うことができました。

　タブレットの新しい活用の仕方を見出すこともでき、授業の準備についても時間短縮を図ることができた授業になりました。

ここがポイント　　Point

- ● 事前にカードを送信し、授業をマネジメント
- ● 相互評価の公正性の確保
- ● 内容重視の学習環境の構築
- ● 自身の学びを活かしたまとめ方の学習
- ● 複数の教科への応用可能

事例考案者

京都府公立小学校
水谷智明 先生

小学校低・中学年 | 生活科・理科

事例
03

ビンゴ風に楽しく♪ 身の回りの生き物を探そう!

事例の背景 .... • Background

様々な生き物に目を向けられるように

　低・中学年は、校庭にタブレットを持っていき、生き物探しをする機会が多いかと思います。しかし、子どもたちが自由に探した場合、自分が目についたものを写真に撮るため、偏りが出てきてしまいます。そこで、お題をビンゴ風に書くことで、子どもたちが楽しく様々な生き物に目を向けることができるようにしました。

実　践 .... • Practice

step 1 **準備　ビンゴ風カード の作成**

　リングメニューから白紙カードを開き、「線・矢印」の線を使って9マス(3マス×3マス)の枠を作ります。次に、お題を「文字」を使って各マスに書いていきます。今回は理科の学習なので、1マスは、日付・天気・気温を書く場所を作りました。また、1年間の継続観察となるため、自分の成長や自分も生き物であることを感じてほしいと思い、自分の写真の場所も作りました。作ったカードは「オクルボタン」から「みんな」に送ります。

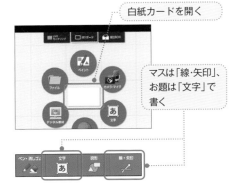

白紙カードを開く

マスは「線・矢印」、お題は「文字」で書く

今回作成したビンゴ風カード

授業①　カメラを使って生物探し

"カメラ・マイク"を開く

　クラス全体で、日付・天気・気温を確認し、「カメラ・マイク」のカメラを使って、それぞれ自分の写真をインカメラで撮影します。その後、校庭などを自由に観察し、お題に沿って生き物を探します。見つけた生き物は、アウトカメラで撮影し、ビンゴ風カードのマスを埋めていきます。たくさん見つけることができた子は、自分でカードをコピーし、2枚目を作ってよいことにしました。

アウトカメラとインカメラはボタンで切り替える

 授業②　「提出BOX」を公開し、共有

ここを ON（緑の状態）に

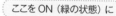

　「オクルボタン」から「提出BOX」に写真を載せたビンゴ風カードを提出します。「提出BOX」画面上部「すべての提出物を子どもに公開」をONにし、子どもたちが互いのカードを見合うことができるようにします。それぞれのお題で見つけたものが様々あることで、共通性や多様性を感じることもできます。また、季節によっては、見つけることが難しいお題などがあると、気温の変化と生き物の様子を関連づけて考えることができます。

提出されたカード。実際に取り組んだ様子が分かる

step4　おまけ　カードをつなげて観察記録に

　1年間継続してビンゴ風カードを作成していくことで、1年間の観察記録を作成することができます。改めてまとめなくても、1年が終わる頃には、すでに観察記録ができ上がった状態になるので、子どもたちが簡単に振り返ることができ、考察する時間を十分に確保できます。

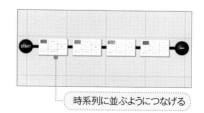

時系列に並ぶようにつなげる

事例考案者

熊本県国立小学校
吉田沙也加 先生

オクリンク

事例 04
友達の表現の素敵なところを取り入れよう！「提出BOX」の活用

事例の背景 .... ● Background

自分の考えをよりよく表現できるように

　4年生の理科「空気と水の性質」では、空気と水を圧縮させたときの手ごたえを他者に説明するために、図や絵に表現する活動を行いますが、目に見えない手ごたえを可視化するのは、難しいと感じる子が多いです。そこで、互いの表現のよい点を取り入れながら、自分の考えをよりよく表現できるよう「提出BOX」の公開機能を使用しました。

実 践 .... ● Practice

step 1　準備　カード作成と「提出BOX」の設定

　子どもたちの考えを記入するワークシートを作成します。ワークシートは、文書作成ソフトなどを使って作り、画像として保存しておきます。ボードからリングメニューを表示させ「ファイル」を開き、画像を選択してカードに貼り付けます。次に、「最初の考え」と「最後の考え」の2つの「提出BOX」を作り、「提出BOX」画面上部にある「すべての提出物を子どもに公開」をONに設定しておきます。

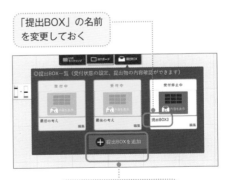

「提出BOX」の名前を変更しておく

「提出BOXを追加」から「提出BOX」を増やせる

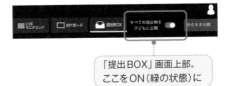

「提出BOX」画面上部。ここをON（緑の状態）に

step2 授業①
自分の考えを表現

　個人で自分の考えをカードに表現していきます。今回は、空気や水の圧縮した状態を表現するために、矢印や絵、色など、自分の考えを表現しやすい方法を選択してよいこととしました。子どもたちは、「ペン・消しゴム」「文字」「図形」「線・矢印」などから、自分の表現に合ったツールを選択してカードを作成していました。

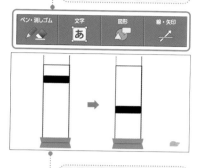

子どもたちは自由にツールを選択してカードを作成

今回使用したワークシートのカード

step3 授業②
互いの考えの交流

　step2で作成したカードを「提出BOX」の「最初の考え」に提出させ、互いの考えを交流します。教師は、子どもたちがどのような方法で表現したかを、板書などでまとめていきます。「比較する」機能を使って、比較したいカードを並べてみるとより分かりやすいと思います。子どもたちは自分とは違う表現方法を知り、「友達の考えを取り入れたい」と思うようになっていました。

「提出BOX」画面の右側に表示される「比較する」をタップ

比較したいカードを選択し、「比較をスタート」をタップ。比較したいカードが比較画面で大きく表示される

step4 授業③
自分の考えを練り上げる

　step3で互いの考えを交流した後、さらに自分の考えを練り上げる時間を設けます。step2と同様に様々な方法で、そして友達の考えを取り入れて考えていきます。練り上げたカードは、「提出BOX」の「最後の考え」に提出をさせます。「提出BOX」を分けることで、どのように考えを練り上げたか、学習の評価をすることができます。

事例考案者
熊本県国立小学校
吉田沙也加 先生

35

小学校中学年 外国語活動

事例 05

音声付き英単語カードで 繰り返し聞く！ 繰り返し発音！

事例の背景 ········· • Background

一人ひとりが1対1で発音練習！

　外国語活動の授業ではクラス担任とALTの2人で授業をしています。ユニットごとに英単語の練習をするのですが、発音練習はどちらかというと、「ALT⇔児童全員」の「1人⇔多人数」でのやりとりが多く、一人ひとりの様子を確認することが難しい状況でした。そこで、音声付き英単語カードを作りタブレット端末を使って、個人が自分のペースで練習できる環境を整え、クラス担任とALTが様子を見回り、一人ひとりにアドバイスができるようにしました。

実　践 ········· • Practice

step 1　ALTに英単語の発音を録音してもらう！

　授業前に、リングメニューから白紙カードを選択し、イラストと英単語入りのカードを作り、「カメラ・マイク」をタップ。ALTに英単語を発音してもらい、録音します。すべてのカードに録音できたら、カードをつなげて「オクルボタン」から「みんな」を選び、「クラス全員」に送ります。

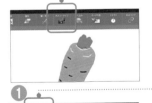

カードを準備し、「カメラ・マイク」をタップ

①「録音」をタップし、この画面が出たら、②右下の赤い丸をタップして発音を録る

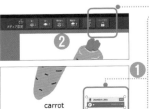

録音を終え「OK」をタップすると、①右下に「再生」ボタンが表示される。ボタンが消えたりしないように、②上部にある「ロック」をタップ

carrot

step 2 「発音する⇔聞いて確かめる」の繰り返しで定着！

カードを使って個人で発音しながら練習していきます。子どもが自分で発音した後、録音したALTの音声を聞けば発音が合っていたか確かめられます。発音が思い出せないときは、ALTの発音を聞いた後に発音をすると、より正しい発音で練習することができます。マンツーマンでやりとりしているような感覚で練習することができます。

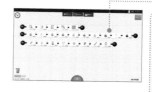

子どもに送った、つなげた英単語カード。スポーツや色、食べ物の英単語。すべてに音声が録音されている

「再生」のボタンをタップすると音声が再生される

step 3 カードを外したり、並べ替えたりして徹底反復！

紙の単語カードでも覚えたカードは外したり、苦手な単語カードは前のほうに並べ替えたりしますね。オクリンクならその操作がとても簡単です。ドラッグしてつながっているカードを外したり、入れ替えたりして自分専用の単語カードを作り、徹底的に反復練習できます。

苦手な単語のカードのみを集めることができる

覚えられたカードは、ドラッグ&ドロップで外せる

step 4 絵カードとしてアクティビティでも活用！

発音を覚えたら、友達と一緒にアクティビティに取り組みます。「Do you like ○○？」「Yes／No」のやりとりの際に、カードを見せながら会話をすることで、きちんと自分のことを説明できます。発音を忘れたときには、「再生」ボタンをタップすれば確かめられるので、発音に不安がある子も安心です！

好きなスポーツのカードを見せながら友達と会話するアクティビティ

事例考案者

長崎県公立小学校
津田 信 先生

37

小学校4年生　算数

写真とペンツールで「身の回りの垂直・平行クイズ」を作ろう！

事例の背景 •••••••••••••••••••••••••••••••• Background

ペンツールで自分の考えが「見える化」できる！

　小学校の算数には、身の回りに潜む算数を見つける活動があります。教室内にとどまらず、学校内を自由に回り、見つけたことを紹介する授業を行う際に、カメラの活用は欠かせません。子どもはワクワクした気持ちで撮った写真を見せながら説明します。写真を指さしながら「ここがこうだから…」と熱弁しますが、「ここ」「それ」などの言葉が多く、聞き手はチンプンカンプンということがあります。そこで活躍するのがオクリンクの「ペンツール」です。自分の考えをペンツールで写真に書き込むことで、伝えたいことを「見える化」できます。

実　践 •••••••••••••••••••••••••••••••• Practice

step 1　直方体で面と辺の垂直・平行の関係を確認！

　段ボール箱を見せながら「これは？」と尋ねるだけで、「立体」「直方体」「面、辺、頂点がある」「垂直や平行の関係がある」と子どもたちは口々に答えてくれました。まずは、立方体の面や辺には垂直・平行の関係があることを確認しました。

段ボール箱から立方体の面や辺の垂直・平行の関係を確認

教室内の面や辺の垂直・平行に目を向け、クイズに挑戦！

「垂直・平行の関係があるのは、箱だけかな」などと問い掛けると、子どもは「教室内にも面や辺があり、垂直・平行の関係がある」ということに気付きます。そこで、事前に作成しておいた教室内の写真を電子黒板に表示し、「天井と垂直の関係にあるのはどの部分？」というクイズに挑戦してもらいました。

電子黒板に表示したカード。①〜③から答えを選ばせる

 クイズの作り方を確認！　どんなクイズを作ろうかな？

同じようなクイズを作ることを提案し、作り方（垂直・平行の関係がある写真を撮って、問題カードと答えカードを作る）を説明。「教室の外に出たい！」という子どもの声を受け、学校内を自由に回って、垂直・平行を探しました。普段通っている場所も、算数の視点で見て回ると新鮮です。

学校内を回って写真を撮っていく

 ペンツールで「問題カード」を作成！

教室に戻り、リングメニューから白紙カードを選び、カードを作ります。まずは「問題カード」から。ペンツールで色分けしながら、面や辺をマークしたり、文字ツールで問題文を入力しました。

各自で、撮ってきた写真をカードに取り込み、ペンツールで面や辺をマークしたり、問題文を書き込む

オクリンク

step 5 「問題カード」をコピーして 「答えカード」を作って提出

カードを指で長押しすると、「コピー」というアイコンが出てきます。これをタップするとカードがコピーされます。「問題カード」をコピーし、カードの文字などを書き換えて「答えカード」を作成。完成したら2枚のカードをつなげて、「提出BOX」に送ってもらいました。

❶ カードを長押しすると表示される「コピー」をタップしてカードをコピー

つなげたカードを「オクルボタン」にドラッグ＆ドロップ。送信先に「提出BOX」を選択して送る ❸

❷ 2枚のカードをつなげてストーリーにする

step 6 「提出BOX」にある 友達が作ったクイズに挑戦！

提出が済んだ子どもは「提出BOX」を見て、友達が作った問題に挑戦してもらいます。「提出BOX」を事前に作っておく際、「提出BOX」の設定「すべての提出物を子どもに公開」をONにしておくと、子どもの「提出BOX」にも提出されたカードが一覧で表示されます。カードの画像をタップすれば拡大表示されます。

「提出BOX」画面右上にある「すべての提出物を子どもに公開」をON にしておく

考　察　　　　　　　　　　　　　　　　　　● Look Back

　１人１台端末を活用することで、教室から出ることができ、活動場所が広がりました。身の回りの垂直・平行を探すだけでなくクイズを作成することで、子どもに自分の考えを「見える化」する必要性をもたせることができたように思います。

　カード作成においては、ペンツールには色や太さが多様にあるので、色分けしながら見やすくなるように工夫することができますし、書き間違っても「もどる」をタップすれば簡単に書き直せるので、スムーズに作成することができていました。

　また、オクリンクには「提出BOX」があるので、簡単にクラス全員のカードをシェアして、交流することができます。印刷や配付の手間が不要なのはとても効率的です。

　カード作成時間に個人差ができますが、問題を作り終えた子どもからシームレスに交流に移行することもできるので、子どもの学びの意識を途切れさせることなく進めることができました。教室の電子黒板に「提出BOX」を表示させていたので、教師はそれを見ながら未提出の子どもをピンポイントに見つけて支援に回ることもできました。

Point

ここがポイント

- 1人１台端末を使えば、教室内にとどまらず活動場所が広がる！
- ペンツールで自分の考えを見やすく短時間で「見える化」できる！
- 「提出BOX」で手間なくシームレスに交流できる！
- 教師は「提出BOX」を見て、ピンポイントで未提出の子どもへの支援ができる

事例考案者

長崎県公立小学校
津田 信 先生

オクリンク

事例 07

課題設定から発表まで 主体的に取り組む社会科の学習

その他使用アプリなど：ふきだしくん（https://477.jp/）

事例の背景 .... Background

一人ひとりの気付きを大切に、学習を進める

　単元の初めにそれぞれが考えたいことを出させますが、結局、教師側が提示する一律の学習課題になってしまうことが多くありました。一人ひとりの気付きを大切に、それぞれが学習課題を設定し、計画を立て、主体的に学習が進められるようにしたいと考えました。また、最後にアウトプットする場を設定し、受け身の学習にならず、子どもたちが目的意識をもって、学習に取り組み、知識・理解を深め、思考力・判断力・表現力を養えるような授業を行いたいと考えました。

実　践 .... Practice

step 1 学習課題につながるような画像を送る

　教科書の画像など、子どもたちの課題設定につながるような画像を選択し、JPGの画像として保存します。リングメニューから「ファイル」をタップ、画像選択してカードに取り込みます。カードを「オクルボタン」にドラッグ＆ドロップ。送信先に「みんな」を選択、さらに「クラス全員におくる」をタップして全員にカードを送ります。

　ただし、カードは2人で1台の端末で見るようにします。そうすると送った画像について自然と会話が生まれ、気付いた点や疑問点を共有することができます。

> ここをクリック

> 課題設定につながる画像を取り込む

> 画像を貼り付けたカードを、ここにドラッグ＆ドロップして子どもに送る

step 2　一人ひとりの気付きや疑問を出し、分類する

　4～5人のグループを作ります。オンラインツール「ふきだしくん」を使って、グループごとに「ふきだしくん」のボードを作ります。step 1で送った画像カードを見ながら、一人ひとりが気付いたことや疑問に思ったことを「ふきだしくん」のボードに書き込んでいきます。他の人の吹き出しを非表示にすることもできるので、周りに流されず、自分の気付きを書くことができます。入力が終わったら、全員分を表示し、内容ごとに見て、話し合い、分類をし、調べていきたいこと、考えていきたいことを整理していきます。

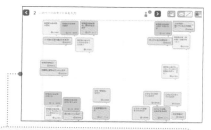

「ふきだしくん」のボード。グループメンバーでボードを共有し、意見や考えを「ふきだし」として書き込んでいくことができるオンラインツール

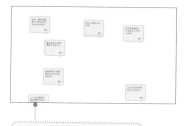

自分の書き込みだけを表示させた「ふきだしくん」のボード

step 3　学習計画を立てる

　「ふきだしくん」で整理したことを基に各自で1時間ごとの学習計画を立て、カードにまとめて「提出BOX」に提出させます。多くの子が書いている内容は学習課題として、優先度が高いものと考えられます。

　「提出BOX」で、互いの計画を見ながら、学習課題を共有していきます。そのため、「提出BOX」画面右上にある「すべての提出物を子どもに公開」ボタンをON（緑）にしておきます。

各自で考えた学習課題と計画をカードに書き、「提出BOX」に送る

染め物のさかんな新宿区

学習計画
①まず、新宿区でどれくらい昔から染め物が盛んになったのか調べる。
②次に、なぜきれいな水道水ではなくわざわざ川の水を使うのか調べる。
③次に、行う場所がなぜ新宿区なのか調べる。
④最後に、なぜ新宿で染め物が盛んなのか調べる。

「提出BOX」の設定「すべての提出物を子どもに公開」をONにしておくと、子どもが互いのカードを見られるようになる

step 4 学習計画に沿って、学習を進める

　学習計画を基に学習を進めます。授業の初めに、各自が「今日の学習課題」をカードに書いて、「提出BOX」に送ります。「提出BOX」を「すべての提出物を子どもに公開」にしておくことで、他の子どもの学習課題を見ることができ、同じ学習課題の子が協力し合いながら学習を進めることもできます。授業の最後には、学習課題の下に振り返りを書き加え、学んだことを明確にして次の学習につなげていきま

す。振り返りを書き加えたカードは、改めて「提出BOX」に送ります。すると、「提出BOX」内には書き加えたほうのカードが保存されます。

> **2月5日（月）**
> 今日の学習課題：いつから盛んになったのか。
>
> 学習をふり返って：最後みんなの話を聞いていたら前回調べた「なぜ川でやるのか」ということをもっともっとたくさん調べられそうだったから次回、ちょっと予定を変更して詳しくなぜ川でやるのかということを調べていきたい。

授業の最後には、「今日の学習課題」の下に振り返りを書き込む

step 5 学んだことを基に「ストーリー」を作り、発表する

　毎時間、最後の10分間はスライドショー用のカードを作ります。教科書などの画像をカードに取り込み、子どもたちに送っておきます。子どもたちは、それに文字やイラストなどを付け足しながら、その日の学びをまとめたカードを作成していきます。単元の最後にカードをつなげて「ス

トーリー」にまとめます。少人数のグループで、「ストーリー」をスライドショー再生させながら発表します。アウトプットする機会を作ることで、子どもたちはより主体的に学習に取り組み、内容を理解し、分かりやすく伝えようとします。

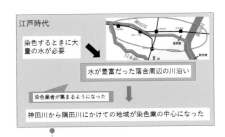

オクリンクは手書きや文字入力を組み合わせて、デザインを工夫することができる

考　察　　　　　　　　　　　　　　　　　　　　　　● Look Back

　一人ひとりの気付きを大切に、それぞれが計画を立てて学習を進めたことで、受け身にならず、目的意識をもって主体的に学習に取り組めました。「提出BOX」を公開にすることで友達の考えに触れることができるので、なかなか自分の考えをもてない子も、友達の考えを参考にしながら学習を進めることができました。

　毎時間、「めあて・振り返り・スライドショー用カード」をセットで提出させることで、一人ひとりの学習状況を把握することができ、適切な支援を行うことにもつながりました。また、毎時間の学習の中にスライドショー用のカード作りを入れたことで、アウトプットを意識しながら、自分の学習に向き合う姿が見られました。スライドショー用のカード作りでは、手書きや文字の組み合わせを工夫しながら、学んだことを分かりやすく表現しようとしていました。

　一方で、教科書の学習範囲からそれた課題設定をしている子に対してどのような声掛けをしていくのか、支援が十分にできなかったことが課題です。

ここがポイント　　　Point

- 一人ひとりの気付きを大切に、学習課題を設定、計画を立てる
- 提出BOXを活用し、友達の考えに触れられるようにする
- 最後にスライドを活用しての発表を行い、アウトプットする場を設ける

事例考案者
東京都公立小学校
青木秀夫 先生

オクリンク

事例 08 動画を活用し、自分だけのポイントカードを作成

その他使用アプリなど：NHK for School「はりきり体育ノ介」

事例の背景 ● Background

一人ひとりが自分に必要な情報を得て、学習を進める

　体育の学習で、NHK for Schoolの「はりきり体育ノ介」を見て、技のポイントを学ぶことがあります。今までは教室かつ、学級全体で、同じ動画を視聴していました。しかし、1人1台の端末が導入され、持ち運びができるようになり、それぞれが必要なときに、必要な動画を、教室以外の場所でも視聴できるようになりました。それを体育の学習の中で活用し、一人ひとりの思考や技能を高めることを目指します。

実　践 ● Practice

step 1 Webリンクを貼り付けたカードを作る

　「はりきり体育ノ介」のサイトには、それぞれの技の「できるポイント」（できるようになるためのポイント）、「できないポイント」（できない原因）を示したクリップ動画があります。「この動画へのリンクをコピーする」をタップし、そのURLを取得します。オクリンクのカード編集画面から、メニュー右端の「Webリンク」をタップしURLを貼り付け、名前を付けて「決定」をタップすると、カードに動画のアイコンが挿入されます。複数のURLを貼り付けることもできるので、技ごとにカードを作成しておくと便利です。

> 「Webリンク」をタップして、リンクさせたいURLを貼り付け、アイコンを作成する

step 2 できていること、できていないことを書き込む

　step 1 で作成したカードを子どもたちに送ります。子どもたちはカードから挑戦する技の動画を見て、自分ができていることと、できていないことを見つけます。できていることは青色の吹き出し、できていないことは赤色の吹き出しを使って、カードに書き込み、自分だけの「ポイントカード」にしていきます。技ごとにカードの背景色を分けておくと、「提出BOX」に提出させたときに、児童が自分と同じ技に挑戦している子のカードを見つけやすくなり、友達の気付きから学ぶことにもつながります。

できていること、できていないことを書き込んで、自分だけの「ポイントカード」を作っていく

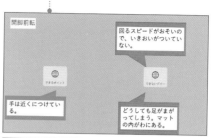

step 3 ポイントカードを修正しながら、成長・課題を確認する

　学習の初めに前時までに作成した自分のポイントカードを見て、本時のめあてを設定します。必要なときに、動画を見て、ポイントを確認しながら、技の練習を行います。

　毎時間、授業の最後に、めあてや自分の演技動画を挿入したカードを作り、ポイントカードにつなげて学習の成果を確認します。学習を振り返って、できるようになったことや新たな課題を書くことで、自分の成長や課題を実感しながら学習を進めることができます。

振り返りを書き込む

めあては一人ひとり異なる

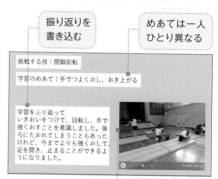

授業の最後に自分の実演を動画にとって貼り付ける

事例考案者
東京都公立小学校
青木秀夫 先生

事例 09

ストーリーで展開
児童は何をどう判断する？

事例の背景 .... • Background

気分は名探偵！

　5年の米づくりの授業で「田おこし」と「代かき」の写真資料の違いで盛り上がりました。同じ背景、同じトラクター。違うのは田んぼの水面のみ。水面に目を付けた児童が、順序立てて説得力ある発言をして決着しました。似たような資料でもしっかりと見比べたり、仮説を立てたりすることで、はっきりと自分の考えをもち、表現していくことができます。そんな名探偵のような子どもの姿から、様々な単元で活用できる教材を考えました。

実　践 .... • Practice

step 1　授業の準備1　資料の準備

　本時では、資料をランダムに提示し、子どもたちに正確な行程順や歴史の流れに並べ替えさせます。子どもたちが夢中になって資料を読み取ったり、考えたりするために、しっかりとした下拵えをしなければいけません。

　教師の準備①：教科書や資料集以外の情報源を探ります。5年生の産業なら、農業の工程は農協、水産業に関する工程は漁協のHPなどから資料を探していきます。

　教師の準備②：資料をデータとして保存、オクリンクで開き、カードにしていきます。

> ボードをタップするとリングメニューが出てくるので、左上の「ファイル」を選んで保存したファイルを開き、カードに取り込む

　ミライシード

授業の準備２　カードの準備

　資料のカードをランダムに並べ替えます。米作りの工程などであれば、工程を示す資料が７～８枚程度あるとよいです。じっくり考える時間をとりたい場合は、ヒントとして最初と最後は固定するなどして読み取るカードを少なくしてもよい

でしょう。

　下の画像は６年社会「世界に歩み出した日本」での例です。ノルマントン号事件から条約改正までの過程を、ジョルジュ・ビゴーの風刺画などを基に考えさせました。

歴史的事柄を描いた風刺画を、年代を無視してランダムにつなげておく

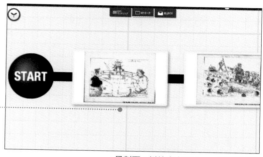

風刺画：川崎市市民ミュージアム所蔵

送り先に「みんな」を選択

授業開始　カードを配る

　いよいよ準備した資料カードを子どもたちに配布します。カードのまとまりを「オクルボタン」にドラッグ＆ドロップ。送り先は「みんな」を選択します。次に、今回はクラス全員に送るので「クラス全員におくる」をタップします。任意の子どもの場合は「選んだ人へおくる」をタップして、送る子どもの名前にチェックを入れて送ります。

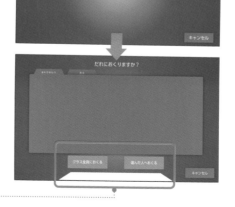

「だれにおくりますか?」と表示されるので、「クラス全員におくる」か「選んだ人へおくる」を選択

オクリンク

 step4 カードを並べ替え、理由を記述

　たっぷりと時間をとって資料カードを読み込ませ、順番を入れ替えさせます。何を根拠にその順番にしたのかについて、カードに記述させます。

　5年生の産業も6年生の歴史も「順番」にフォーカスしています。時間的な変化を子どもたちがどう捉えているかを見とる必要があります。子どもたちのカード編集状況がリアルタイムで見られる「LIVEモニタリング」（ボード上部に表示されるアイコンをタップすると開始される機能）や机間巡視では、時間的な変化に着目させる声掛けなど、思考・表現を促す手立てをとっていきます。

> **この順番にした理由**
> 調べたら年号的にそんな順番だったから。最初の画像の中心の人物がいるのは1856年くらいまでしかいないような気がする。3番目は、日本人と中国人が釣りをしているから日清戦争かなと思った。次に日露戦争だから4枚目に置いた。

児童が考えた資料カードの順番について、そうした理由を記述させた「理由カード」

step5 最後に提出

　教師の操作：資料カードと理由のカードを別の「提出BOX」に提出させる場合は、「提出BOX」を2つ作っておきます。資料カードに理由カードをつなげて一括で提出させる場合、「提出BOX」の作成は不要です。

　児童の操作：並べ替えた資料カードと理由を書いたカードを「提出BOX」に提出します。

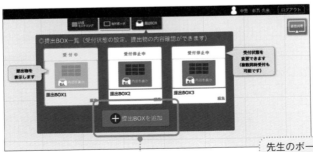

先生のボードから「提出BOX」をタップし「提出BOXを追加」をタップすると新しい「提出BOX」が作れる

考　察 .... ● Look Back

　配付する資料カードの1枚目に学習問題「〇〇はどのようにして～でしょうか」などと入れてもよいかもしれません。しかし、個人的には、資料に出合った児童のリアクションを大切にしながら学習の見通しをもたせたいと考えています。カード配付後、「何これ、バラバラじゃん」ときたらこっちのものです。北海道弁で「しっくりこない・フィットしない」状況を「いずい」と言いますが、子どもたちはこの「いずい」状態をなんとしてでも解消したいという気持ちになっていきます。また、進んで学習をしている子の場合、「この資料、見たことある」となることもあります。資料の選び方や提示の仕方を工夫し、根拠をもって説明するよう促すことで、そうした児童を新たな学びにつなげていくこともできます。

　資料選びがこの授業づくりの大きなポイントとなります。子どもたちの実態に即した授業を構成しやすいと考えます。ぜひご活用ください。

ここがポイント　　　　Point

● 思考が深まるような資料を選ぶ

●「なぜそう考えたの？」という根拠を子どもたちが探していけるように関わっていく

● 時間的な変化に着目できるように関わっていく

事例考案者

札幌市公立小学校
中里彰吾 先生

事例 **10** 文節ごとの短冊を並べ替えて確認
文の組み立て

事例の背景 ······················· ● Background

文節ごとの短冊で焦点化

　本単元では、文の中での語句の係り方や語順、文と文との接続の関係について身に付けることで、今後の学習につなげていくことが求められます。あらかじめ文節ごとの短冊を作り、カードにして児童に送ることで、語順や語句の係り方に焦点化し、ゲーム感覚で取り組ませることができます。また、「提出BOX」を使うことで他の子どもと比較して自分の考えを修正することや、全体で確認することも容易にできます。

実　践 ······················· ● Practice

step **1** 問題カードの作成

　リングメニューから白紙カードを選択してカードを作成します。カードにテキストボックスを配置し、教科書の例文を文節に区切って文字入力して短冊を作成します。1枚目は、語順に着目するためにバラバラに、2枚目は、語句の係り方に着目するために文の形を残して配置して作成します。

　今回は、カード左側に作成した短冊を配置しておき、右側に移動させて語順を並べ替えたり、主語と述語の組み合わせを抜き出したりできるようにしました。

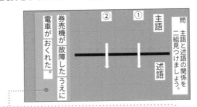

1枚目のカード。左側に語順をバラバラにした短冊を配置しておく

2枚目のカード。左側に文の形を残して短冊を配置しておく

step 2 短冊の並べ替え・提出

step 1 で作成したカードを「オクルボタン」にドラッグ＆ドロップして子どもたちに送り、短冊の並べ替えに取り組ませ、「提出BOX」に提出させます。

カードは、1枚ずつ送ることで1つずつ確認しながら取り組ませることもできますし、つなげて送ることで子どもたちの進度に応じて取り組ませることもできます。一定時間たったら「提出BOX」画面右上にある表示設定を「すべての提出物を子どもに公開」にすることで、早く提出した子が他の子の考えを見て修正し、提出し直すこともできます。

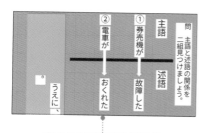

児童は左の短冊をドラッグ＆ドロップして並び変えていく

「提出BOX」の設定「すべての子どもに公開」のボタンを右にスライドさせ、緑（ON）にすることで、子どもの端末でも友達の提出したカードが見られる

step 3 「提出BOX」の確認

「提出BOX」画面左上にある「フタバマーク」から「ボードペン」を選択し、提出されたカードにコメントを入れたりスタンプ機能を使ってフィードバックを行ったりします。

また、「提出BOXを追加」をタップし「提出BOX」を複数作成しておくと、「はじめの考え」や、「友達や全体で交流したあとの考え」など、子どもの考えの変容を残しておくこともできます。

左上の「フタバマーク」をタップし「ボードペン」を選択すれば、子どもたちのカードにフリーハンドで書き込みができる

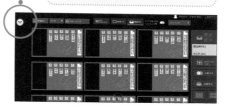

事例考案者
東京都公立小学校
高橋蔵匡 先生

オクリンク

事例 11
「提出BOX」を活用して実態を把握！自由進度学習

子どもたちの進度を把握し、手助けするために

　自由進度学習に取り組む時、一人ひとりの学習の進度が異なるため、子どもたちがどこまで学習を進めているのかをどのように把握するか、悩みました。そこで、単元の学習を細かくステップ化したカードを作成し、各ステップの学習が理解できたら、ステップごとに分けた「提出BOX」に提出してもらうことで、進度を把握し、支援ができるようにしてみました。

step 1　準備①　授業の単元計画表を作成

　子どもたちが学習の流れを見通せるように、単元計画表をカードにします。単元計画表には、目安とする日付と学習する内容をあらかじめ記載しておき、実際に取り組んだ日と簡単な振り返りを記入するようにしました。今回は、文書作成ソフトで作成した表を画像として保存し、「ファイル」から取り込みましたが、表計算ツールと組み合わせることも有効だと思います。また、学習方法を示すカードも作成しました。

ボードからリングメニューを開き「ファイル」を選択。画像にした単元計画表を読み込みカードにする

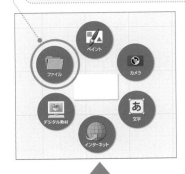

別ソフトで作った単元計画表を画像保存

step2 準備②　学習カードを作成

　ボードのリングメニューから白紙カードを選択し、ステップごとに学習カードを作成します。すべてのステップに共通するカードとして、めあてのカード(色:青)と、まとめのカード(色:赤)を作りました。また、中心問題や練習問題のカード(色:白)には、参考になる動画共有サイトなどのリンクやデジタル教科書の動画などを貼り、子どもたちの学習のヒントになるようにしました。

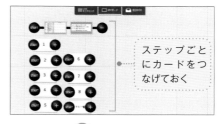

> ステップごとにカードをつなげておく

1枚目「めあて」のカード。①カード編集画面上部の「取り込み」から②「ファイル」を選択し、③「動画」を挿入している

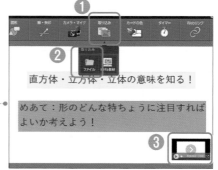

step3 授業①　単元の学習の流れを確認

　子どもたちと一緒に、単元計画表に沿って学習の流れを確認します。その後、step1・2のカードを「オクルボタン」から全員に配布し、ステップごとに学習をスタートしていきます。子どもたちは、個人で取り組むか友達と取り組むかなど学習形態を選ぶとともに、教科書を用いるかデジタルコンテンツを使用するか、教師にヒントをもらうかなど学習方法を選ぶことで、自分の学習スタイルを作っていました。

> カードは「オクルボタン」にドラッグ&ドロップで送る

ルート1：自分でコツコツとやってみる！
ルート2：教科書や動画を見ながらやってみる！
ルート3：友達と一緒にやってみる！
ルート4：先生に確かめながらやってみる！

> 子どもたちには、こうした学習形態を示しておく

オクリンク

step 4 授業② カードは「提出BOX」へ

1ステップが終わるごとに、教師が学習状況をチェックし、ステップごとの「提出BOX」へカードを提出してもらいます。ボード上の「提出BOX」をタップすると「提出BOX一覧」が表示されます。ここから「提出BOX」を増やすこともできます。「提出BOX」に提出をしたら、次のステップのカードを個別に配布するようにしました。

「提出BOX」の名前を変更しておく

「提出ボックスを追加」から「提出BOX」を増やせる

step 5 授業後 「提出BOX」で進度を確認

各授業後、子どもたちは単元計画表のカードに振り返りを記入します。教師は、振り返りと「提出BOX」の提出状況から、子どもたちの進度を把握します。遅れている子に対しては、次の時間に支援をしたり、練習問題のカードを調整したりしました。

「提出BOX」の様子

step 6 おまけ ドリルパークでさらに定着を

すべてのステップを早く終わらせた子は、悩んでいる子と一緒に学びをさらに深めたり、ドリルパークを活用して定着を確認したりします。クラスの子どもたちも、それぞれの方法で定着を確認していました。

考　察　　　　　　　　　　　　　　　　　　Look Back

　自由進度学習に取り組むときは、子どもたちに学習形態や学習方法を委ねるため、きちんと進度を把握し、支援ができるかどうか、私自身の不安が大きかったです。しかし、ステップごとにカードを用意することで、カードの量を調節し、個別最適化を図ることができました。また、「提出BOX」を分けることで、進度を把握し、個別の支援をすることができました。

　子どもたちにとっても自由進度学習は、自分に合った学習スタイルで学ぶことができるため、毎時間の算数の授業を楽しみにしていました。また、授業中だけでなく、休み時間や家庭でも取り組みたいという子も多く、意欲的に取り組む様子が見られました。

　改善点としては、前述したとおり、単元計画表を表計算ツールで作成・共有し、子どもたちが直接書き込むことができるようにすることで、さらに進度が把握しやすくなるのではと思います。

　また、互いの進度も把握することができるので、同進度のグループや異なる進度のグループがより作りやすくなり、子どもたち同士で学び合う姿をねらうことにもつながると感じています。

ここがポイント　　Point

- ● ステップごとにカードを用意することで、個別最適化を図ることができた
- ●「提出BOX」を分けることで、進度を把握し、個別の支援をすることができた
- ● 自由進度学習で、自分に合った学習スタイルで意欲的に取り組む様子が見られた
- ● 単元計画表を表計算ツールで作成・共有することで、さらに進度が把握しやすくなる

事例考案者

熊本県国立小学校
吉田沙也加 先生

オクリンク

事例 12 撮って、つなげて、単元まるごと板書記録

事例の背景 ・・・・・・・・・・・・・・・・・・・・・・・・・・・・・ Background

写真で保存！　いつでも振り返り！

　理科専科で、6年生3クラス・5年生3クラスを受け持っていたとき、授業をする際に、「このクラスではどこまで授業を進めたかな？」「どういう言葉でまとめをしたかな？」など、ごちゃごちゃで分からなくなってしまうことがありました。また、欠席した子どもが「前の時間にどんな学習をしたのか分からない。」と困っていることがありました。授業が終わってから板書を写真に撮って記録として残し、共有することで、そのような問題が解消されました。復習や単元全体の振り返りに活用することもできる、いいこと尽くしの活用法です！

実　践 ・・・・・・・・・・・・・・・・・・・・・・・・・・・・・ Practice

step 1 新しいボードを作り、ボード名を「単元名」にする

　オクリンクのトップ画面は時間割のように表示され、ここで授業ごとに新しいボードを作ります。このときボード名を「単元名」にしておきます。例えば、教科は「算数」、単元名は「四角形と三角形の面積」という感じです。

オクリンクを起動し、授業時間を選択すると、授業スタート画面が表示される

右端の「編集」をタップして、ボード名を単元名に変更

授業後に写真を撮影し、子どもに送る

授業は普段どおりに進めます。授業が終わった後、板書を撮影してカードにします。カードを画面下中央の「オクルボタン」にドラッグ＆ドロップして「クラス全員」に送ります。板書の写真カードが全員に送られ、子どもの端末で、いつでも自由に見られるようになります。

リングメニューから、「カメラ・マイク」とタップ。写真モードを選択して撮影

撮影した板書の写真をカードにして、子どもに送って共有。板書は、全体だけでなく、部分的に拡大した写真も撮っておくと見やすい

step 3 ボードは移動できる！

次の日の授業のときには、ボードを移動させることで、同じボードを使って授業の続きを行うことができます。トップ画面の時間割を週表示にして、時間の枠をタップすると、右上に「…」が表示されます。ここをタップし「移動する」を選ぶと、ドラッグ＆ドロップで移動することができます。

「…」→「移動する」を選ぶ

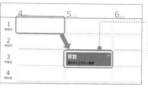

ボードをドラッグ＆ドロップして移動させる

step 4 小単元ごとにカードをつなげれば振り返りにも Good ！

算数の「三角形と四角形の面積」の単元では、平行四辺形、三角形、台形、ひし形など、図形ごとに分けて板書の写真カードをつなげ、見やすくしました。児童は、これまでの学習のまとめを板書記録で振り返ることで、どの図形も「既習図形に変形すれば求めることができる」ということに気付くことができました。

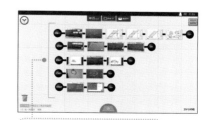

小単元ごとに分けてつなげると見やすく振り返りがしやすい！

事例考案者
長崎県公立小学校
津田 信 先生

事例 13

単元内自由進度学習にぜひ！オクリンクとムーブノートを合わせ技！

事例の背景 ● Background

「地理ってどうやったら主体的に？」の疑問からの挑戦

「地理的分野」は「○○の図から△△ということが分かります。だから、□□だと思います」という定型文的授業になりがちで、軽重をつけるのがとても難しいと感じていました。NHKの番組や、デジタル教科書を使用しながら映像を見せる努力はしていても、難しいものです。「地理ってどうやったら主体的に？」の疑問から今回の授業に取り組んでみました。すると単元内自由進度学習に近い形になり、教師主体で進めるより知識が定着することが分かりました。単元内自由進度学習を取り入れるスタートとしても実施しやすいです。

実　践 ● Practice

step 1　地域の特徴を調べる担当を決める

4人の班を作り、「産業の特徴」「自然の特徴」「地域の特徴」といった特徴（テーマ）を調べる担当を決めます。決め方はクラスの実態によりますが、私は地域ごとに違うテーマを担当するほうがよいと思っているのでクジやじゃんけんなどのランダム性が高い決め方にします。

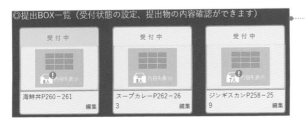

◎提出BOX一覧（受付状態の設定、提出物の内容確認ができます）

受付中　海鮮丼P260-261　編集
受付中　スープカレーP262-263　編集
受付中　ジンギスカンP258-259　編集

> 「提出BOX」画面「提出BOXを追加」をタップして、担当ごとに「提出BOX」を作成しておく

**オクリンクで地域の
説明スライドを作成する**

step2は自分の担当テーマのスライド作成（50分程度）です。自分の担当テーマについて教科書の記述や資料から分かることをオクリンクのカードにまとめ、つなげてスライドを作っていきます。教科書から分かることを中心に、自分が調べたことを付け足すようにします。違うテーマを調べている班員が、自分の説明で理解できるようにスライドを工夫して作るように指示します。

寒さと生きる

北海道…冬の寒さや雪の中で生活するための工夫
　　　　ex, ・二重窓
　　　　　　・断熱性の高いかべ
　　　　　　　→寒さを防ぎ室内の暖かさを外へ逃がしにくくするための工夫
雪が多い地域
　　→ロードヒーティング…道路の下に通した電熱性や温水パイプの熱で溶かす
　　雪が積もりにくくするため
　　　　→・縦型の信号機
　　　　　・上がとがった看板
札幌（北海道最大の都市）
広い地下街→冬でも快適に買い物などを楽しむ

生徒が作ったオクリンクのカードの一部（大体4ページくらいでまとめさせる）

 同じテーマ担当ごとに集まってアドバイスを送り合う

3時間目は同じテーマの担当者ごとに集まって、調べた内容を発表し、アドバイスし、改善する時間にします。アドバイスはオクリンクでカードに記入し、発表者に送ります。カードで送ることでアドバイスが見える化され、作成する生徒はいつでも目にすることができるようになります。アドバイスのカードは発表者だけでなく、「提出BOX」にも送らせて、教師も共有します。アドバイスをもらうことで改善＆自信をもって発表することにつながります。

　　　さんへ
スライドのアドバイス

イラストが多く載せられていて、北海道民の努力があってこその今の農業が盛んな北海道があるということが分かりやすった。

発表者に送ったアドバイスを記入したカード

オクリンク

step 4 いよいよ元の班での発表です

　元の班に戻り発表します。班内で自分が作ったスライドを送り合います。生徒たちは自分の手元で資料を見ながら発表を聞きます。この方法が浸透すると、カードに自分なりの書き込みをする生徒も出てきます。各自が調べ・まとめたことを班の全員で共有することで、テーマの理解が深まります。また、発表者に対する感想もオクリンクからカードで送ります（こちらも発表者だけでなく「提出BOX」にも送らせます）。

> さんへ
> 北海道は泥炭地で低地だったのに品種改良や客土、排水施設などのお陰で稲作ができるようになったことに驚きました。そして低気温で育てやすいてんさいや小豆やじゃがいもなどがたくさん生産されていることがわかりました。

発表者に送った感想を記入したカード

step 5 対立するものを調べるときはムーブノートの出番！

　この学習形式では対立するものを調べるケースがあります。例えば、EUをテーマにすると、統合のメリットとデメリットを別々の生徒が調べます。そういうときは相互評価が行いやすいムーブノートの出番です。「EUは統合したほうがよかった？　しないほうがよかった？」という質問に対する答えと理由をカードに記入し「広場」に提出させ、評価し合うことで、メリットを調べた生徒とデメリットを調べた生徒の意見が見える化され、話し合いが活発になり、中1の地理分野から公民分野にまで発展します！

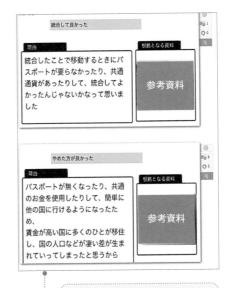

ムーブノートの「広場」では、友達のカードにリアクションがしやすい

考　察 ·· Look Back

　この実践にしてから、地理はかなり主体的で対話的な学習になってい
きました。そして、知識の定着率や資料を読み取る技能が高まっている
ことが定期テストの分析で判明しました。最初は教師である自分が話す
量がかなり減っているので不安でしたが、生徒たちはこちらの学習方法
のほうが楽しそうでした。step 3・4の段階では、黒板に取り組むべき
ことを書き示して、適宜アドバイスをする程度で教師の話は終わりです。
そのため、生徒の発表や作成をしっかりと見る時間が生まれ、学習を見
とる余裕が生まれました。すると生徒の頑張りやよいところが本当によ
く見えるようになりました。とてもおすすめです。今後は、step 5のよ
うなムーブノートを使った活動まで、すべての単元で発展させることが
自分自身の課題です。

ここがポイント　　　**Point**

- 単元内自由進度学習に最適
- ムーブノートとの連携でさらに深まる！
- 地理でお困りの方は試してみて！
- 生徒のほうがその地域に詳しくなる逆転現象が！
- グループ内の発表・アドバイスカードや自分の担当
  箇所のまとめの作成過程で生徒のよいところが本当
  によく見えるようになる！
- プレゼンテーション能力の向上にもつながる！

事例考案者

愛知県公立中学校
金原洋輔 先生

中学校2年生 | 理科

事例 **14**

磁力線の導入
磁界の様子を書き込んで表現

事例の背景 ●————————— Background

磁界を観察し、自分なりに表現する

　この単元では、磁石による磁界の観察を行い、磁界を磁力線で表すことを理解する必要があります。棒磁石の周りに鉄芯のモールを撒いて観察すると、磁界が生じていることが分かり、この磁界を表す手段が磁力線です。磁力線はシンプルでありながら、磁界の姿だけでなく、向きや強さまで表現できるところが優れていますが、教え込みの授業では気付きにくいものです。そこで本実践では、オクリンクを使って、目の前にある磁石の周りの磁界を、生徒自身に自由に表現させてみました。

実 践 ●————————— Practice

step **1** 磁界の様子を観察する

　棒磁石の周りに、鉄芯のモール（ギフトラッピング用モールをカットしたもの）を撒くと、模様ができます。磁石の周りの空間には、磁気的な作用を伝える目に見えない何か（磁界）が生じていることが分かります。また、モールは棒磁石の両端に集中し、ここが磁気的な作用の強い部分（磁極）であることが分かります。さらに方位磁針を置くと、特定の方向をさし、磁界には向きがあることも見てとれます。

磁界の様子を記録する

生徒は、以下の手順で磁界の様子を記録していきます。
① オクリンクを開き、ボードをタップ
② リングメニューから「カメラ・マイク」を選択
③ 磁界の様子をタブレットで撮影
④ カードに写真を挿入

「カメラ・マイク」を
タップして撮影

 磁界の様子を表現する

生徒は、「ペン・消しゴム」ツールで、挿入した写真カードの上に書き込む形で、磁界の様子を表現します。教師は、「提出BOX」の「すべての提出物を子どもに公開」をONにしておき、生徒がいつでも他の生徒のものを見て参考にすることができるようにします。ボード上部の「LIVEモニタリング」をタップし、生徒全員の端末画面を教室のモニターに出しておくことで、生徒は誰がどのようなことを考えているか、リアルタイムで知ることができます。

「すべての提出物を子どもに公開」
をONにしておく

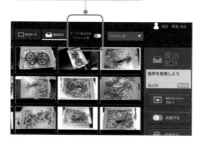

 表現した理由を紹介する

なぜそのように表現したのかを発表します。発表には、「画面共有」機能を使います。カード編集画面の右上にある「画面共有」をタップすると発表生徒の画面が共有されます。生徒は、極付近を強調していたり、矢印を使っていたりします。なぜそのようにしたのか説明する生徒の言葉をつないでいくことで、磁力線の導入になります。

「画面共有」をタップして共有。生徒の端末からは画面共有ができないように制御をかけている場合、教師が該当カードをタップして「画面共有」する

事例考案者
石川県公立中学校
浅見拓真 先生

オクリンク

事例 15

AR で月の満ち欠けを理解
考えの変容をカードに残す

その他使用アプリなど：月の満ち欠け AR、月の満ち欠け AR ＋、金星の満ち欠け AR

事例の背景 ・・・・・・・・・・・・・・・・・・・・・・・・・・・・・ Background

ARとオクリンクのOPPA

　「月の動きと満ち欠け」は、教科書の図や説明文から理解することが難しいものです。中学生の6割以上は球に光が当たったときどのような陰ができるか分からず、半数は月の満ち欠けに関する視点移動ができないといわれています。そこで、ARを活用して生徒の直感的な理解を助けたいと思い本事例を考えました。

　学習前に、中心的な課題である「月の動きと満ち欠けはなぜ起こるか」について、生徒は知っている範囲でまとめ、オクリンクで提出。ARを活用して学習した後に、課題について理解したことをオクリンクで提出します。これにより、生徒は自身の理解が深まったことが分かり、教師は生徒の変容を見とることができます。このようなOPPA(One Page Portfolio Assessment)は、第3観点「主体的に学習に取り組む態度」の評価にも活用できます。

実　践 ・・・・・・・・・・・・・・・・・・・・・・・・・・・・・・ Practice

step 1　月の満ち欠けの原因を考える

　生徒は下記の手順で、学習開始前に「月の動きと満ち欠けが起こるのはなぜか」についてオクリンクでカードにまとめ、「提出BOX」に提出します。

① オクリンクを開き、ボートをタップ

② リングメニューから「文字」を選択して、考えを記入

③ 作成したカードを「提出BOX」に提出

> 「提出BOX」でカードの
> 提出状況を確認できる

step 2　ARで月の動きと満ち欠けを理解する

「月の満ち欠けAR」は、月が約1カ月周期で満ち欠けすることを、公転と関連づけて捉えるためのアプリです。アプリ専用のワークシートをプリントアウトし、アプリとカメラを起動させた端末をかざすと、画面に太陽、月、地球の立体モデルが現れます。月の位置は自由に移動させることができ、公転させることもできます。また、「観測者視点から見た月」も表示させることができます。これにより、月を宇宙から俯瞰すると同時に、地球の観測者の視点でも見ることができ、月の動きと満ち欠けを

直感的に理解できます。

（「月の満ち欠けAR＋」では、ワークシートを用意しなくても上記と同様のことができます）

「月の満ち欠けAR」を使った端末画面

step 3　月の動きと満ち欠けが起こる理由をまとめる

新しい「提出BOX」を作り、step1の「提出BOX」の受付は停止する。生徒は「月の動きと満ち欠けが起こるのはなぜか」改めてカードにまとめ、提出します。その際、教師は「何を見ても誰に聞いてもよい」と伝え、生徒は自由に移動しながらカードを作成していきます。分からないことを仲間に聞いて理解を深めること、仲間に教えることで理解を定着させることが期待できます。生徒の手元にはstep1で書いたカードが残っているため、学習を終えて自分の理解がどれだけ深まったかが一目で分かります。

なお、「提出BOX」を新規作成せず、学習前のカードを自分のボードに取り出し、今回のカードをつなげて提出させることもできます。カードをめくると学習前のカードが出てくるので、変容を見とりやすく、教師が主体的に学習に取り組む態度を評価する際に便利です。

＊授業時数が複数になる場合、前回の授業のボードを事前に当日に移動しておきます

オクリンク

step 4　月の動きと満ち欠けを説明する

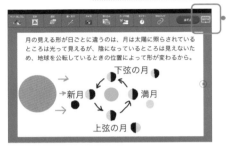

カード編集画面右上の「画面共有」をタップして共有

　発表は「画面共有」機能を使って行います。発表を行う生徒が、カード編集画面から「画面共有」をタップすると、生徒の全端末と教師用端末、教師用端末と接続している教室のモニターに、画面が共有されます。「画面共有」がロックされていると、子どもの端末から「画面共有」ができません。ボード上の「フタバマーク」から「ロック」をタップして子ども端末の制御状況を確認しておきましょう。

「提出BOX」内でカードを選んで「画面共有」も可能

step 5　AR で金星の満ち欠けを理解する

　金星の満ち欠けについて学ぶ際は、「金星の満ち欠けAR」を用いて月の満ち欠けと同様の手順で行います。最後に「金星の満ち欠けが起こる理由」についてカードにまとめ、「提出BOX」に提出させます。

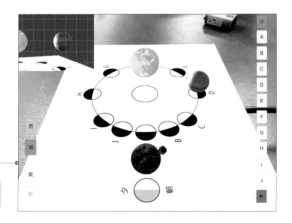

「金星の満ち欠けAR」を使った端末画面

考　察　⋯⋯⋯⋯⋯⋯⋯⋯⋯⋯⋯⋯⋯⋯⋯⋯ ● Look Back

　この授業では、生徒はオクリンクのカードにまとめる中で、仲間に質問したり教え合ったりします。認知心理学では、知識や技術のレベルが離れるほど、伝達するのが難しいことが知られています。つまり、専門性の高い教師の説明は生徒にとって分かりにくいですが、同級生の説明は分かりやすいということです。仲間に聞くことは、教師の講義よりはるかに理解しやすいのです。

　また、学習の理解・定着には「再言語化（自分の言葉に直すこと）」が有効であることが知られており、その最たるものが「教える」こととされています。カードを作る過程で仲間に質問したり教え合ったりするこの授業は、該当教科・分野が苦手な生徒にとっても得意な生徒にとっても、最高効率の授業であると考えます。

　生徒の入試問題などの正答率を他県の結果を比較したところ、有意な差が見られました。また、授業を分かりやすいと感じる生徒の割合も、国と比較して有意に高い結果が出ました。この授業実践で、生徒の内容理解と定着を実現できたと感じています。

ここがポイント　　Point

- ● 生徒はARで直感的に理解しやすい
- ● 生徒はオクリンクのOPPAで自分の成長を感じることができる
- ● 教師はオクリンクのOPPAで主体的に学習に取り組む態度の評価がしやすい
- ● カードを提出する過程で学び合うため、全員にとって最高効率で学習できる

事例考案者

石川県公立中学校
浅見拓真 先生

青木秀夫 先生

　先生方の素晴らしい実践が詰まった一冊。自分では思い浮かばないアイディアの数々が本当に学びになります。ミライシードを活用することで、授業を考えることがより楽しくなりました。

浅見拓真 先生

　学校は現在、生徒主体の教育、個別最適な教育を求められていますが、これらの実現には ICT 活用は不可欠です。本書の事例が先生方の授業づくりの一助となれば幸いです。

岩本紅葉 先生

　小学校から中学校の多種多様な授業実践が盛りだくさん！「何からスタートすればいいのか？」「面白い授業をするためにはどうすればいいのか？」。そんな悩みが解決する一冊です。

金原洋輔 先生

　多くの先生方の実践を見せていただくことで、自分一人で考えていた時には思いつかなかったようなアイディアにとてもよい刺激を受けました！ 校種や教科が違ってもすぐに試したいものばかりでした！ これから自分自身もミライシードをどんどん使って授業をよりよくしていきたいです！この本を手に取った先生方の事例も紹介していただき、みんなでよりよい授業を作っていきましょう！

佐納達平 先生

　本書の読者の一人として、明日から使えるような「子ども主体の学びの実現」につながる事例が詰まった一冊だと感じました。私自身の事例は、まだまだ研究途上ですが、先生方のご参考になれば幸いです。

高橋蔵匡 先生

　全国の素晴らしい先生方と事例を紹介する機会をいただき光栄です。ミライシードを使い始めて 4 年、アイディア 1 つでどんな使い方でもでき、授業に欠かせないツールとなっています。

たのけん 先生

　この本の事例を参考に自分なりにやってみると、失敗もすると思いますが、それ以上に得るものがあると思います。私も失敗しながら自分流を見つけています。一緒に楽しいことしましょう♪

02

第2章
実践事例集

ムーブノート

小学校中・高学年 　道徳

事例
16

ムーブノートで道徳！
こんな機能が使えるよ！

その他使用アプリなど：ChatGPT

事例の背景 ・・・・・・・・・・・・・・・・・・・・・・・・・・・・・・・・・ ● Background

ムーブノートを使って「安心」して一人ひとりの考えを交流

　ワークシートを使って一人ひとり考えを書いて、それを隣の人と交流したり、発表したりするけれど、クラス全員の考えを見られることはない。いつもの僕の道徳授業はそんな形でした。それがムーブノートを使えば、クラス全員で考えを共有して交流し、よりよい考えの形成につなげていけます。その際に工夫していることや、意外と使える機能を紹介します。

実　践 ・・・・・・・・・・・・・・・・・・・・・・・・・・・・・・・・・・・・・・ ● Practice

step 1 授業の発問を書いたカードを作る

　「私のノート」をタップし、リングメニューから「新規カード」選択、作成していきます。カードには道徳で子どもたちに問いたい問いを書いておきます。問いが2つ以上ある場合は、画面左上のタブを増やし、1つのタブにつき1枚のカードを作ります。画面右上の「授業を開始」をタップすると、子どもたちの「私のノート」にカードが送られます。子どもたちは、発問に対する答えを記入。書き終わったら「オクルボタン」にドラッグ＆ドロップして「広場」に提出させます。

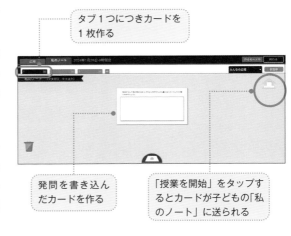

タブ1つにつきカードを
1枚作る

発問を書き込んだカードを作る

「授業を開始」をタップするとカードが子どもの「私のノート」に送られる

step2 名前のON・OFFも簡単に！

道徳に限りませんが、考えを共有する際、名前が出ていると本音が書きづらい・言いづらいことがあります。道徳は特に本心が言えることが大切と考えています。そういうときに便利なのが、「広場」に提出されたカードの名前を表示させない機能です。「広場」画面左上のふたばマークからメニューを出しプロパティをタップ。表示される「かんたん設定」の「オブジェクトに名前を表示」をオフにしておくだけです。知っておくとムーブノートの使い方の幅が広がり、授業も面白くなります。

「オブジェクトに名前を表示」をオフにする

かんたん設定			
子供画面に自動集計機能を表示		OFF	ON
オブジェクトに名前を表示		OFF	ON
子供による並べ替え		利用不可	利用可
子供によるグループ化		利用不可	利用可
子供がオブジェクトを置いたら「見るモード」		OFF	ON
拍手	利用不可	表示のみ	利用可
コメント	利用不可	表示のみ	利用可

広場の表示状態
オブジェクトを置いても常に他者の書きこみは非表示
広場にオブジェクトを置いたら他者の書きこみを表示
制限なし

詳細設定はこちら

step3 画面共有を使って考えの共有

「広場」にカードを提出した後、互いのカードにコメントや拍手を付けます。「広場」に提出したカードには右側面にタグが表示されます。「はくしゅ」をタップすることで拍手が付けられます。拍手をする際は、その基準を明確に伝えておきましょう。「読んだら拍手してね」「いいなと思ったら拍手してね」「自分と同じ（違う）意見ならば拍手してね」などです。「コメント」をタップすると、左端の「伝え合い」が広がり、「コメントを書く」ボタンが表示されるので、ここをタップしてコメントを入力します。全体でこうした交流をした後、焦点化して価値付けをしてい

きましょう。共有したいカードをタップするとカードが拡大表示され、右上に「共有する」ボタンが表示されます。こちらをタップすると、画面を子どもたちと共有して、価値付けできます。子どもたちと同じものを見て、考えの共有をしましょう。

「共有ボタン」を使うと全員に同じカードを表示できる

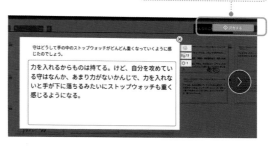

ムーブノート

step4 「書き出し」機能を使うとさらに発展的に

　子どもたちが書いたカードの文字をデータ化することができます。それが「書き出し」機能です。この機能では、カードを印刷したり、文字データを取り出したりできます。「広場」画面左上のふたばマークからメニューを表示させ、「書き出し」をタップして行います。文字データを取り出す場合、書き出すファイルの種別を CSV にします。取り出した文字データを、ChatGPT に読み込ませて（もちろん個人名などはインポートしない形で）分析したり、ワードクラウドなどに読ませてみるのも面白いです。下の画像はモチモチの木の初発の感想をムーブノートで児童が書き、その文字データを書き出し、ChatGPT に分析させたときの画面です。

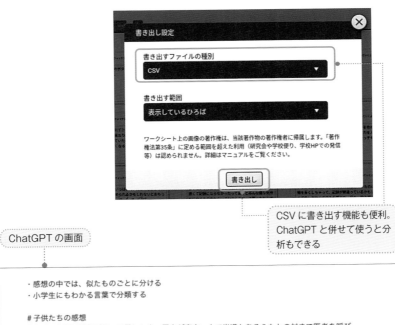

CSV に書き出す機能も便利。ChatGPT と併せて使うと分析もできる

ChatGPT の画面

・感想の中では、似たものごとに分ける
・小学生にもわかる言葉で分類する

#子供たちの感想
豆太は、本当は勇気があって優しい人。豆太が夜中一人で半道もあるふもとの村まで医者を呼びに行ってすごく優しくて勇気のあるこだなと思いました。
ちょっと怖くてだけど面白いときあえりました。豆太はおじいちゃんが腹が痛いときによる一人で出るのを怖がっていたのにおじいちゃんことが大好きだから一人で怪我もしたのに頑張って医者様をよんで勇気あって凄いなって思いました。泣いてもおじいちゃんを助けたいって頑張って凄かったです。
思ったより、喜一が話したより怖くなかった。
あんまり怖くなかった
読んだのは二回目でしたが、豆太は、医者様を呼びに行くとき、ゆうかんになったなと思いまし

考　察　・・・・・・・・・・・・・・・・・・・・・・・・・・・・・ Look Back

　道徳の授業では、一人ひとりが自分の考えをもつことが大切にされてきていました。ワークシートを使って考えをもつことはできたかもしれませんが、そこには「他者性」がなく、あったとしても手を挙げて発言できる子が友達に聞いてもらえるか、もしくはワークシートを読む教師に向けたものになっていました。それぞれがもった考えを交わすことで思考の幅は広がっていくものですから、子ども同士の交流が欠かせません。それこそが学校で学ぶ意味だと思っています。

　ムーブノートを使った道徳はそれを叶えてくれます。互いのノートを交換して、見合ったりコメントをし合ったりすることをスムーズに、かつ深みも出しながら行うことを叶えてくれます。以前よりも僕自身が「道徳が楽しい」と自信をもって言えるようになりましたし、「道徳が楽しい！」と言ってくれる子が以前よりも増えました（授業力にはまだまだ課題があるので全員とは言えませんが）。

　ＩＣＴ、ムーブノートを使うことで自分がワクワクし、そしてそれが一緒に授業をする子どもたちに伝わっていくということを実感しています。まずは大人が学びを楽しむ、ということが何より大切だなあという体験の一つです。

ここがポイント　　　Point

- ムーブノートを使って授業準備の時間短縮！
- 互いに意見を交わすことができ、授業に深みが出る！
- 級友が見るということで自分の意見に「ハリ」が出る！
- ＡＩなどを使えば、抽象化・一般化も可能となり、まとめになる！

事例考案者

東京都公立小学校
二川佳祐 先生

事例 17

物語の世界に没入 国語×地図×協働学習

その他使用アプリなど：地理院地図 / GSI Maps（ブラウザ） Google Maps

事例の背景 ••••••••••••••••••••••••••••• • Background

物語の中のリアルから

　私は、小学生の頃、物語の世界に入り込むのが苦手な子でした。今も正直得意ではありません。私のように物語に入り込めない子たちがどうしたら物語の世界に入っていくことができるかを考えたのが本事例のきっかけです。この教材は物語ではありますが、リアルにつながっています。そのリアルを追っていくことで、どの子も物語の世界に没入することができるのではないかと考えました。それぞれの子どもが入っていった世界を可視化することができるような授業デザインにしてみました。

実　践 ••••••••••••••••••••••••••••••••• • Practice

step 1

授業の準備 1 「スタンプ集計」の準備

　教師の準備：①「スタンプ集計」機能を使うので、スタンプ背景となる図版を用意します。本事例で使用するシンプルな地図は、国土地理院の地理院地図/GSI Mapsで作成しました。②「スタンプ集計」から①で用意した図版を貼り付けたカードを作成しておきます。

　子どもの準備：物語の中の位置関係を捉えることが大切になるので、前時までにGoogle Mapsのストリートビューなどで物語の舞台（広島市の平和記念公園）を自由に散策させておきます。

「私のノート」画面をタップしてリングメニュー表示させ、「スタンプ集計」をタップ。背景図版を取り込んだカードを作成

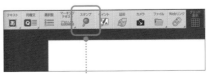

リングメニュー中央の「新規カード」を選択し、上部メニュー「スタンプ」を選択して背景図版を取り込んで作ることも可能

step 2 授業の準備2　広場の設定

　「広場」の背景画像を物語の舞台(平和記念公園)の地図に設定します。まず、「広場」画面左上のふたばのアイコンをタップし、メニューを開きます。メニュー内の「背景画像」をタップし、step 1と同様に図版をアップロードします。step 2で準備した「広場」は授業の後半で使っていきます。

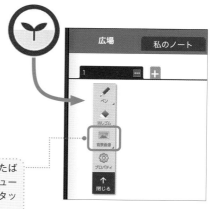

> 「広場」画面左上にある、ふたばアイコンをタップするとメニューが出てくる。「背景画像」をタップして図版を取り込む

step 3 授業開始　スタンプ機能

　本時の中心発問は「主人公(綾)のものの見方や考え方はどうして変わったのか?」です。「私のノート」右上の「授業を開始」をタップしてstep 1で作成したスタンプ集計カードを子どもの「私のノート」に送り、変わったきっかけになったと考える場所にスタンプを置かせます。スタンプを置いた理由を書くカードも作成・配布しておき、記述させます。自分の考えなので、いくつ作成してもOKです。

　理由を書く前にスタンプ集計カードを「広場」に提出させ、学級内の分布を提示することで、同じ立場の子を探すことができ、考えを書くのが苦手な子への手立てとなります。

> 先生の「広場」画面左側の「スタンプ」タグをタップすると、「広場」に提出された子どもたちのスタンプカードが1枚に集約される

スタンプを置いた場所と理由

資料館の展示

「うちのめされるような気持ち」とあるので、相当インパクトが大きかったんだと思う。綾の命の尊さや戦争についての考え方が変わった瞬間だと思う。

> スタンプをその場所に置いた理由を記入するカードも作成・配布しておく

地図出典：国土地理院地図を加工

ムーブノート

step4 「広場」で考えの共有

step 2 で背景を設定した「広場」に、step 3 で書いた理由のカードを提出させます。その際、「広場」画面左下の配置設定を「自由に置く」モードに変更しておき、子どもに、自分がスタンプを置いた場所の近くに理由のカードを置いてもらいます。多様な考えがどんどんと地図上に位置付けられていきます。

ここを「自由に置く」にしておくと、子どもがカードの位置を動かせる

step5 「テキスト分析」から言葉を紡ぐ

授業の終末では、「広場」に集まった理由のカードの記述のテキスト分析を行い、まとめや振り返りの手立てをします。「広場」画面左にある「キーワード」から「テキスト分析」をタップ。共通して使われている語句などを分析していきます。次時以降では、児童自身のものの見方・考え方の変容について記述させます。必要に応じて、この「広場」に立ち返り、自己表現の手立てとしていきます。

「キーワード」から「テキスト分析」を選択

頻出語句が表示される

地図出典：国土地理院地図を加工

考　察　　　　　　　　　　　　　　　　　　　　　　　Look Back

　本実践は、単元を通して作中の出来事をマップ化する活動を行ったものです。単元すべては掲載できないため、今回は単元の核になる登場人物の心情の変化を読み取る授業にフォーカスしました。物語の中盤以降の舞台は実在する場所で構成されています。教科書の物語教材で実在の場所が登場するのは珍しいのではないでしょうか。単元を進めていく中で、主人公（綾）の足取りを Google Maps のストリートビューで追っていきました。勤務校のある北海道からは簡単に行くことのできない土地をバーチャル散策するというイマーシブ体験を通して物語の世界に入っていくことで、子どもたちはぐるぐると思考を巡らせていました。主人公のものの見方・考え方の変化はなぜ起きたのかという本時の問いは、子ども自身のものの見方・考え方の変化にも影響を与えています。次時以降、作品全体を通して心に残ったことや作品から受け取ったメッセージをまとめていきますが、本時で集めたみんなの考えが、子どもそれぞれの言葉で紡がれていきます。

ここがポイント　　　　Point

- 物語のリアルの部分を追っていく
- そのリアルの世界に没入させていく
- その世界で得たことを記述し、マップ化していく
- それぞれのマップのギャップから交流を生み、学びを深めていく
- 深めた学びから、自分の考えを再構成しまとめる

事例考案者

札幌市公立小学校
中里彰吾 先生

小学校5年生 | 図画工作・総合的な学習の時間

事例 18

スタンプ集計機能で児童が主体的に！「SDGs ロボットコンテスト」

その他の使用アプリなど：KOOV

事例の背景 •••••••••••••••••••••••••••• • Background

スタンプ集計機能を使って子どもが主体的に活動できる授業

　グループ活動をする際、教師がグループを決めてしまうと教師主導の授業になってしまったり、子どもに自由にグループづくりを委ねると授業の本質とはずれてしまったりする危険性があります。本事例はグループづくりの際にムーブノートのスタンプ集計機能を使うことで子どもが授業の目標を達成するためのグループづくりができ、主体的に活動することが可能になると考えました。

実　践 •••••••••••••••••••••••••••• • Practice

step 1 スタンプ集計の準備

　スタンプ集計用の画像を挿入したカードを作成しておきます。「私のノート」リングメニューから「スタンプ集計」をタップ、背景を選択します。本事例では、子どもに興味のあるSDGsを選択してもらうため、SDGsの画像を背景に設定します。

　次に、スタンプの範囲を指定します。画面左にある「スタンプ」というタブをタップ。次に「範囲追加」をタップして、画像の上をドラックして範囲を決め、右下の「決定」をタップして範囲設定します。

> 「範囲追加」を繰り返し、スタンプを押す範囲を設定していく。今回は、SDGs17項目の枠をそれぞれ範囲設定

SDGs ポスター画像

step2　スタンプ集計をしてグルーピング

　「私のノート」右上の「授業を開始」をタップし、カードを子どもたちに配信。興味のある項目の部分にスタンプを押した上で「オクルボタン」から「広場」に送ってもらいます。先生の「広場」画面左の「スタンプ」タグをタップすると、範囲（項目）ごとに人数が集計されます。集計の結果を参考に、興味のある項目が同じ子ども同士で4～6名の活動グループを作ります。

　「スタンプ」ボタンをタップすると、設定した範囲にスタンプを押した人数が集計表示される

step3　SDGs の目標を達成させるためのロボットを作る

　グループメンバーと協力してロボットを作ります。本事例では、学習プログラミングキットの「KOOV」のブロックとアプリケーションを使ってロボットを作りました。

step4　ロボットを紹介し合う

　ロボットの特徴を Adobe Express や PowerPoint を使用してポスターやプレゼンテーションにまとめ、作品とともに発表し合いました。ポスターやプレゼンテーションはオクリンクやムーブノートを活用するのもおすすめです。

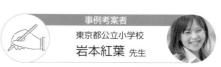

事例考案者
東京都公立小学校
岩本紅葉 先生

小学校高学年 ｜ 道徳

事例 19
考えの分類を子どもに委ねる テキスト分析で思考をアシスト！

事例の背景 .... Background

気分は名探偵！

　教室内に多様な考えが生まれ、議論する中で深まったり、新しい価値が想像されたりしていく道徳の授業。ときに想定しない子どもの考えが出てくることもあります。そうした考えを「板書にどう位置付けようか」「どう価値付けるとその子が輝くだろうか」と悩みながら授業してきた方も多いのではないでしょうか。ムーブノートの「自由に置く」モードで、子どもに「委ねる」ことでより授業の余白が生まれることと思います。また、相互参照や振り返りの時間に「テキスト分析」を使うことで、他者の考えにたっぷりと浸ることができました。

実　践 .... Practice

step 1 授業の準備 カードの準備

　授業開始前の作業は、キーワード集計ができるようにテキストボックスを入れたカードを用意するだけです。カードができたらボード右上の「授業を開始」をタップし、いよいよ授業スタートです。

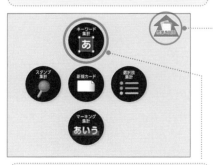

画面右上の「授業開始」をタップするとカードが子どもの「私のノート」に配られる

「私のノート」画面をタップするとリングメニューが出てくる。ここから「キーワード集計」を選択し、キーワード集計ができるカードを作成

step2 みんなの広場「自由に置く」モードで全体交流

　道徳では、考えを記述する場面が何度かあります。例えば①感想、②中心発問に対する自分の考え、③振り返りなどです。「広場」の「自由に置く」モードは、議論を深める②で使うことが多くなると思います。このモードでは、子どもが「広場」内で自分のカードを自由に動かすことができます。「広場」を大きな黒板に見立てて、グループ分けをしたり、考えが変わったときに移動したりして常に参加し続けることができます。子どもにも日頃から「なぜ、○○さんはあそこに置いたのか？」という視点をもたせておくと、議論が活発になっていきます。

教師の「広場」画面左下からオブジェクトの置き方を選択できる。ここを「自由に置く」としておくと、子どもが自分のカードを好きな場所に置けるようになる

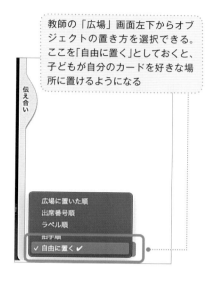

step3 テキスト分析で思考をアシスト！

　中間の相互参照や振り返りのときに他者の考えを見てしまうと、その考えに流されてしまうこともあります。そういうときはキーワードだけを提示するのがおすすめです。「広場」画面左にある「キーワード」「テキスト分析」をタップします。「広場」に提出されたカードのテキストを分析して、頻出語句を表示させることができます。議論を深める過程で使っていくと効果絶大です。

「広場」画面左の「キーワード」から「テキスト分析」をタップ。テキスト分析を行うと、「広場」にあるカードに使われている語句が多い順に表示される

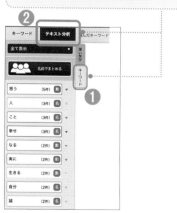

事例考案者
札幌市公立小学校
中里彰吾 先生

事 例
20

異学年が進んで交流できる 委員会活動

事例の背景 ....● Background

全員が主体的に活動できる委員会活動を目指して

　委員会活動をしていると、委員長や副委員長、発表することが得意な子ども主体の委員会活動になってしまうことがあります。本事例では、委員会のメンバー全員の考えを可視化し、子どもに交流をしてほしいと考えました。ムーブノートでは他クラスや他の学校の子どもを招待して授業を実施することができるため、その機能を使用することで学年の垣根を越えて交流することが可能になります。

実　践 ....● Practice

step **1**　　異学年合同の授業を作成

　時間割画面から５年生または６年生のワークシートを追加します。作成したワークシート右上の「…」をタップし「他クラスと一緒に授業をする」を選択。招待したいクラス・グループを選択し、ワークシートを配信します。５年生の放送委員でワークシートを作成した場合、招待するのは６年生の放送委員グループです。

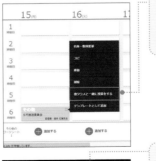

> ワークシート右上の「…」から、「他クラスと一緒に授業をする」を選択

> 招待したいグループを選択して、「配信する」をタップ

step2　振り返りカードの配信

「私のノート」リングメニューから「新規カード」を選び、委員会活動についての振り返り用のカードを作成。「授業を開始」をタップすると、参加する子どもたち（委員会構成員）にカードが届きます。

子どもたちは自己評価をし、活動を振り返り、カードを「広場」に送ります。

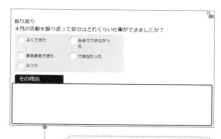

「私のノート」画面をタップして「新規カード」を選択して振り返りカードを作成

 step3　振り返りを発表し合う

「広場」画面左上のふたばマークをタップし、メニューからプロパティを選択。「広場」の表示状態を「制限なし」に設定しておき、「広場」に送られたカードを共有します。教師がカードを選択すると、大きく表示されます。自分の振り返りカードが大きく表示された子どもから、その内容を発表します。

選択したカードが大きく表示される

 step4　コメントし合う

「広場」に送られたカードの右側面には、拍手やコメントのタグが付きます。「はくしゅ」をしたり、コメントを記入したりして、相互評価を行います。

「広場」にあるカードは委員会活動後も確認できるようにし、今後の活動に役立てます。

カードを選択して、「はくしゅ」ボタンをタップしたり、コメントを書いたりできる

事例考案者
東京都公立小学校
岩本紅葉 先生

小学校6年生　国語

事例 21

広場を分けてエキスパート活動 「『鳥獣戯画』を読む」

事例の背景 ·········· Background

一人ひとりの気付きを活かした授業へ

　本単元では、アニメーションの第一人者である教材執筆者の「鳥獣人物戯画」に対する評価や表現の工夫に着目し、文章の全容を捉える力を養うことが求められています。

　今回は、教材執筆者が用いた表現の工夫について、事前に3つの視点に分けて読み取る活動を行いました。見つけた工夫については、全体で交流する前に同じ視点を選んだ少人数グループで交流しました。「みんなの広場」以外の「広場」も使うことで、少人数での学び合いやジグソー活動などに取り組むことができます。

実　践 ·········· Practice

step 1 カードの作成

　事前に全体で確認した3つの教材執筆者の工夫の視点（「絵の示し方」「論の展開」「表現」）について、それぞれカードを作成しておきます。

　カードは、「私のノート」画面をタップしてリングメニューから「新規カード」を選択して作成します。その際、視点により色を分けることで、ジグソー活動で「広場」が分かれたときに、同じ色のカードごとに集まっているかどうかが一目で確認できるようになります。

> テキスト枠の中の色はアイテム編集ツール「ぬりつぶし」で変えられる

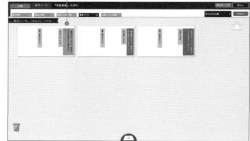

step 2 「広場」への提出

「私のノート」右上の「授業を開始」をタップすると、カードが子どもたちに送られます。子どもたちにそれぞれが見つけた工夫について、視点ごとのカードにまとめさせます。苦手な子どもはどれか1枚、得意な子どもはすべてのカードについてまとめるなど目標を弾力的に設定することもできます。

まとめ終わった子どもは「オクルボタン」から「広場」にカードを提出します。「広場」画面右上「みんなの広場」から「広場一覧」をタップして、グループごとに使用する「広場」を設定しておき、子どもたちには自分のグループの「広場」に提出させます。

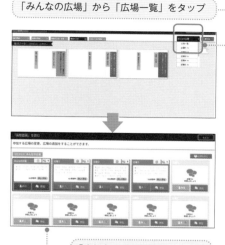

「みんなの広場」から「広場一覧」をタップ

「広場」がすべて表示される。自分の名前が入っている「広場」に提出する。新しい広場は画面右上の「広場を作る」から作成

step 3 視点ごとのエキスパート活動・全体交流

グループの「広場」で他の人のカードを確認し、コメント機能を使って交流します。カード右側面のタグから「コメント」をタップ。「広場」画面左に表示される「コメントを書く」をタップするとコメントが書けます。机を移動することなく、ムーブノート上でグループ分けや互いの考えを見合ったりコメントをし合ったりすることができます。

また、「広場」をさらに増やして、それぞれの視点ごとのグループをその場で指定して、ジグソー活動を行うこともできます。

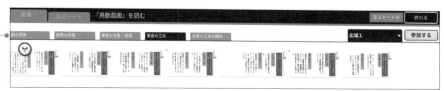

視点ごとの「広場」を作り、の視点の担当者を集めて議論するジグソー活動も可能

事例考案者
東京都公立小学校
高橋蔵匡 先生

事例
22

どの単元でも、単元末で使える まとめと相互評価のための活用法

学習の定着と、フェアな相互評価ができるようにしたい！

　この活用事例は、単元末のまとめの時間に使っています。例えば社会科だと、第1次で単元を貫く学習課題を作り、その問題の解決のために第2次で学習を深め、第3次で学習を活かして学習課題についての自分なりの意見をまとめて交流する場面、国語科だと説明文を読んだ後に自分の意見文を書き、交流する場面です。本事例の目的は「学習の定着」と「フェアな相互評価」、そして「先入観のない評価」の3点です。

step **1**　まとめ用のカードを1枚用意して、 「授業開始」をクリック

　まとめ用のワークシートを作成します。カードに学習課題を明記して、その下に入力用の枠を入れるだけです。カードは「私のノート」リングメニューから「新規カード」をタップして作成します。最初は入力用の枠だけ作っていたのですが、文章の途中から論点がずれていく子が増えてしまいました。学習課題を明記するようにしてからは、改善されたので、このちょっとした手間が大きな役割を果たしてくれると考えています。カードは「私のノート」画面右上の「授業を開始」をタップして、子どもに送ります。

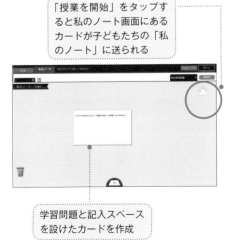

「授業を開始」をタップすると私のノート画面にあるカードが子どもたちの「私のノート」に送られる

学習問題と記入スペースを設けたカードを作成

step 2 「広場」の「かんたん設定」で"拍手"だけができるようにする

　ムーブノートは「授業を開始」をタップしないと広場の設定が変えられません。step 1で「授業を開始」をするのは、この設定をするためでもあります。「広場」画面左上のふたばマークからメニューを開き、プロパティを選択すると「かんたん設定」が出てくるので、画像のように設定します。重要なのは「オブジェクトに名前を表示」を「OFF」にすること。「拍手」を「利用可」にすること。「広場の表示状態」を「非表示」にすること。この3点です。

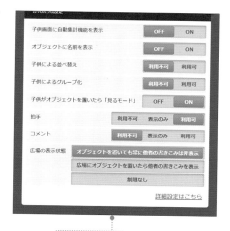

広場の「かんたん設定」から、このように設定

step 3 授業開始　最初の20分で学習課題に対する考えをまとめる

　最初の5分でノートに学習課題に対する自分なりの答えをまとめます。このとき、私の場合は教科書や資料集は開かせません。使っていいのは自分のノートと記憶だけにしています。こうすることで、ノートに毎時間、しっかり「まとめ」を書く必要感をもたせています。実際、鉛筆で書くほうが子どもたちの頭にも残りやすいと感じています。

　次の5分で班で相談、その後10分間でstep 1で送ったカードにまとめさせます。

step 4 相互評価のスタートのさせ方

前半の20分が終わったら、1分以内に「広場」にカードを提出させます。全員分のカードが出されたのを確認できたら、「広場の表示状態」を「制限なし」に変更して相互評価をスタートさせます。

相互評価には「はくしゅ」機能を使います。「広場」に提出されたカードには右側面にタブが表示され、拍手やコメントを付けることができるようになっています。互いのカードを読み合い、よいと思った考えの書かれたカードに拍手を付けていきます。

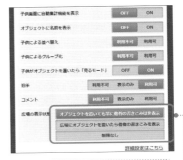

広場の表示状態を「オブジェクトを置いても常に他者の書き込みを非表示」から「制限なし」に変更

step 5 自分の学びのまとめ

相互評価が終わったら、自分が本時の最初にノートに書いた考えと、「広場」に出ている友達のまとめカードを踏まえて、改めて「本時のまとめ」として、学習課題に対する考えをノートに書かせます。

ノートに書かせた「本時のまとめ」

step 6 結果発表と学びのフィードバック

その後のフィードバックが大事です。カードに「はくしゅ」が一番多く付いた子どもを発表するだけでなく、「先生賞」としても教師から見て優れたまとめを紹介し、それぞれ何が優れていたのかという講評とともに教室に掲示します。

考　察

・・・・・・・・・・・・・・・・・・・・・・・・・・・・・・・・・・・・・● Look Back

　単元末にこの取り組みをするようになり、子どもたちの学習の意欲、特に学習課題への意識が高くなりました。休み時間に私の所に来て「今度は絶対1位取れるようにする！」と楽しみにしてくれている様子も見られました。手書きでも相互評価はできますが、字で誰の考えか分かってしまうと、先入観が入った相互評価になってしまいます。ムーブノートを活用すると匿名で相互評価ができるため、完全な内容勝負になり、どの子も本気で考えるようになりました。より公正に内容で勝負させるために、字のサイズや色を変えないルールにしたのもよかったのかもしれません。また、フィードバックを教室に掲示することで、「簡潔に要点をまとめることの大切さ」や「単に教科書どおりにまとめるのではなく、自分の学びを活かしたまとめにすることの大切さ」などにも気付けていました。

　今回は社会科の単元末の事例で紹介しましたが、学習課題を作って学習を進める理科や「意見文にまとめる」のように学びを活かした考えをまとめ、交流する国語科でも応用可能だと思います。

ここがポイント　Point

- ● 学習意欲の向上
- ● 相互評価の公正性を確保する
- ● 内容重視の学習環境の構築
- ● 自身の学びを活かしたまとめ方の学習
- ● 複数の教科への応用可能

事例考案者

石川県公立小学校
たのけん 先生

ムーブノート

事例
23

全員の意見で授業を進める！「気になること」で深める活用法

事例の背景　‥‥‥‥‥‥‥‥‥‥‥‥‥‥‥‥‥ Background

全員に考えさせても取り上げるのは数人だけ…からの脱却！

　算数の授業では、最初に問題を出して、それを全員に考えさせますよね。でも、全員に発表させると時間がなくなるので、考え方が異なる数人を授業者が意図的に指名して発表させます。そんな授業がGIGA以前のよくある授業だったかと思います。でも、ミライシードを活用して"交流"が効率的にできるようになった今、全員のアイディアで授業を進められたら…と考え、改良に改良を重ね、一つの授業スタイルを確立させました。教科は「算数」としましたが、「"答え"が明確な授業」なら他の教科でも応用できます。

実　践　‥‥‥‥‥‥‥‥‥‥‥‥‥‥‥‥‥‥‥‥‥ Practice

step 1　白紙のカード3枚程度用意して、「授業を開始」をクリック

　オクリンクと違いムーブノートは、子ども自身で「新規カード」を作るには少し手間がかかります。そのため、あらかじめ白紙のカードを3枚程度用意した上で「授業を開始」をタップして子どもにカードを送るようにしています。「白紙」にしているのは、ワークシートにするよりも"自由度"が高いから。数直線や式、図など、子どもが自分の得意分野を活かしてカードを作ることができます。毎日ある算数の授業準備の手間を省けることも長い目で見ると意外と大きなメリットです。

「授業を開始」をタップすると、「私のノート」上にあるカードが子どもたちの「私のノート」に送られる

先生の「私のノート」上に白紙の「新規カード」を3枚作成

step 2　広場の設定を「自由に置くモード」に切り替え

ムーブノートは「授業を開始」をタップしないと「広場」の設定が変えられません。step 1 で「授業を開始」をするのは、この設定をするためでもあります。

「広場」画面左下の「広場に置いた順」のタブを「自由に置く」に切り替えておき、子どもたちがカードを「広場」に出すときに、「広場のどこに置くか」を指示できるようにします。こうすることで、自分たちで分類整理しながら交流できるようになります。本事例では、同じ「答え（結論）」ごとに近くに置くように伝えます。

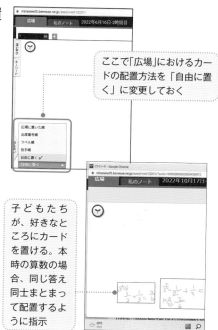

ここで「広場」におけるカードの配置方法を「自由に置く」に変更しておく

子どもたちが、好きなところにカードを置ける。本時の算数の場合、同じ答え同士まとまって配置するように指示

step 3　子どもたちの心理的ハードルを低くするための設定

算数は「答え」がハッキリしています。つまり他の教科よりも「間違い」がハッキリします。そうなると「失敗するかも」とか「間違えたらどうしよう…」と、いらぬハードルが生まれます。思春期になり周りの目を気にするようになる高学年ならなおさらです。そんな発達段階の子でも安心して答え（結論）や意見が提出できるように、カードの表示は「匿名」設定にします。「広場」画面左上のふたばマークからメニューを開き、プロパティを選択

して「かんたん設定」を画像のように設定にします。覚え方は「全部左」です。

「広場」の「かんたん設定」から、このように設定

子供画面に自動集計機能を表示	OFF	ON
オブジェクトに名前を表示	OFF	ON
子供による並べ替え	利用不可	利用可
子供によるグループ化	利用不可	利用可
子供がオブジェクトを置いたら「見るモード」	OFF	ON
拍手	利用不可	表示のみ	利用可
コメント	利用不可	表示のみ	利用可
広場の表示状態	オブジェクトを置いても常に他者の書きこみは非表示		
	広場にオブジェクトを置いたら他者の書きこみを表示		
	制限なし		

詳細設定はこちら

step 4 大事なのは「選択肢の確認」から「質問」

画像は実際の授業の様子です。「広場」画面上で、同じ答え（結論）のカードを1つに囲み、全種類の答え（結論）を黒板に書き出します。その後、「どれが正しいのか」「分からないこと／気になること」を考えさせ、ノートに書き出させます。そして、順番に挙手をさせて、どれが正しいと思うか発表させ、人数を板書していきます。

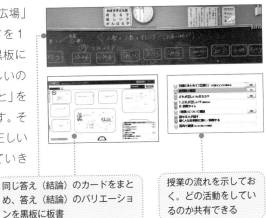

> 同じ答え（結論）のカードをまとめ、答え（結論）のバリエーションを黒板に板書

> 授業の流れを示しておく。どの活動をしているのか共有できる

step 5 「気になるポイント」を引き出して班ごとに相談

step 4で誰も挙手しなかったものを削除。残った答え（結論）について「分からないこと／気になること」を全体共有して、疑問として板書します。この際、子どもたちの疑問をたくさん引き出し、教師がある程度整理してあげることが大切です。その後、その疑問を班ごとに相談させ、解決していきます。「これが正解！」で終わらせ、「疑問」を引き出すには、枕詞に「これが正しいんだろうけど…」と付けて発言するようにさせると、効果的です。

> その答え（結論）が正しいと思った人数を書いていく

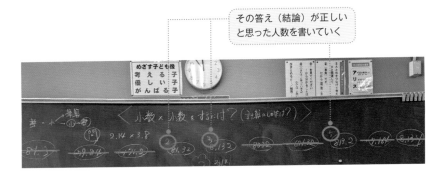

考 察　　　　　　　　　　　　　　　　　　　　　　　Look Back

　この事例の step 5 で、「これが正しいんだろうけど…」という枕詞を使わせるようになってから、私が「発問」する機会が減りました。「深めの発問」を子どもたち自身でできるようになったからです。今はタイムマネジメントとファシリテーションに専念することができています。子どもたちも「自分たちで授業をしている感がすごいから、好き」や「自分たちが本当に気になること／分からないことを話し合えるから面白い」と言ってくれています。ただ、最初の頃は「そこ!?」というような疑問も出てきました。何回もやっているうちに、どういう質問がより理解を深める質問なのかということが分かってくるようです。最初の数カ月はどんな疑問が出ようとも、ある程度我慢が大切かなと思います。また、算数に苦手意識をもっている／自信のない子にも、ミスを恐れず、積極的に授業に参加してほしいと思っているため、「広場」に表示されるカードの設定を「匿名」にしています。ここはクラスの実態に合わせて「匿名」にするのかしないのか、判断していただけたらと思います。

ここがポイント　　　Point

- 主体的な学習の実現
- 自分たちが本当に考えたいこと／自分たちのつまずきについて、みんなで考えられる
- 「匿名機能」で、失敗に対する心理的ハードルを下げられる
- 批判的思考力が身に付く
- ミスを恐れずに参加する環境の提供（匿名性の導入による参加促進）
- 質問の質の向上

事例考案者

石川県公立小学校
たのけん 先生

事例 24

デジタルポートフォリオから 生まれる学習意欲の向上

すばやく自己フィードバック

　皆さんは、授業でやったテストをその日のうちに採点して返却することができていますか？　毎日全教科の授業に追われている私は、なかなかその日中に返すことができていません。しかし、子どもたちは自分がやったテストが何点なのかすぐに知りたがります。そこでムーブノートの機能を使えば教師の採点を待たずにその時間内で自己採点までできるのでは!?　と思い、実践を開始しました。

step 1 テスト自己評価カードの作成

　「私のノート」画面をタップしリングメニューを表示させ、「新規カード」を選択しカードを作成していきます。カードには子どもたちが自分のテストの写真を貼り付けられる枠を作ります。次に、そのテストに合った見直し項目を記載します。最後に、その単元の振り返りとして単元を通して分かったことや大切なこと、気を付けるポイントなどを記入できる枠を作ります。これは、単元の評価としても使うことができます。

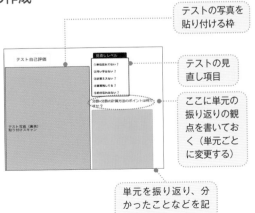

テストの写真を貼り付ける枠

テストの見直し項目

ここに単元の振り返りの観点を書いておく（単元ごとに変更する）

単元を振り返り、分かったことなどを記入する枠

広場の設定

　「広場」に提出されたカードを子どもたちが互いに見られるように、「広場」を設定します。広場画面の左上、ふたばマークをタップしメニューを表示させます。プロパティをタップし「かんたん設定」から「広場の表示状態」を「制限なし」にしておきます。

「広場の表示状態」を「制限なし」に設定

 授業開始　テストを実施

　step 1で作成したテスト自己評価カードを子どもの「私のノート」に送ります。先生の「私のノート」右上にある「授業を開始」をタップすると、カードが子どもの「私のノート」に送られます。

　次にテストを実施し、終わった児童から自分のテストを写真に撮って、カードに貼り付けて、テストの見直しを行い、さらに単元の振り返りなどを記入します。カードが完成したら、「オクルボタン」から「広場」に送ります。

　「広場」にカードを送った子どものテストを回収し答えを配布します。子どもは、答えを見て、カードに貼った自分のテスト画像に丸付けをします。間違った問題や、迷った問題などをチェックすることで自分の間違いに自分で気が付いたり、自主学習につなげたりと学習効果を高めることができます。

「授業を開始」をタップしてカードを子どもに送る

ムーブノート

step 4 振り返りの共有

　自己採点が終わった子どもから、「広場」にある他の子どものテスト自己評価カードを読んで、コメントや拍手などのリアクションをします。「広場」に提出したカードには右側面に拍手やコメントを付けるためのタグが表示されます。これをタップして、リアクションを行います。

> 提出した友達のカードが見られる。自分が間違えた問題を正解している人を見つけて、教え合いもできる

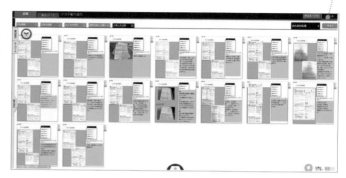

step 5 テストの蓄積

　「広場」のタブを単元ごとに作成し、テスト自己評価カードを蓄積していきます。「広場」画面の上部のタブにある「…」をタップし名称を単元名などに変更していきます。タブを増やしたいときは、「＋」をタップします。タブは最大5つまで作成できます。

　子どもたちにテスト自己評価カードを提出してもらう際には、「広場」のどのタブに提出するか指定しておきます。

> 「…」をタップするとシートの名称を、単元名や日付、実験名などに、自由に変更できる

考 察　　　　　　　　　　　　　　　　　　● Look Back

　本実践は、私が6年生担任のときに年間を通して、算数のテストをムーブノートに蓄積し、子どもたちにフィードバックしたものです。ムーブノートにテストを蓄積していくことで学期終わりや6年生のまとめの際に、弱い単元などを自己分析し、自学自習へつなげることができました。クラスの子どもたちも、「すぐに答え合わせができるから家庭学習のネタができる」や「迷っていた問題の答えがすぐに分かるからもやもやがスッキリする」など学習意欲の向上が図れました。今回は、子どもたちの振り返りを子ども同士で交流させたかったため、ムーブノートで行いましたが、「広場」に送ると子ども同士でテストの解答が見えてしまいます。そのため、「広場」にカードを送った子どもたちからテストを回収しないといけないのが、手間がかかるので改善が必要だと思います。

ここがポイント　　　　Point

● 年間を通した、テスト蓄積で自己分析→自学自習につなげる
● すばやいフィードバックで学習意欲の向上につなげる

事例考案者
京都府公立小学校
西村知夏 先生

小学校全学年 | 道徳

事例 25

一人ひとりの考えを基に始める 道徳の学習

事例の背景 ⋯⋯⋯⋯⋯⋯⋯⋯⋯⋯ Background

正直な思いを表現できるように

道徳の学習を行う際に、子どもたちの正直な思いが表現されていないと思うことがありました。本時の内容項目についての一人ひとりの意識を問う際に、挙手をさせると周りの反応を気にしてしまったり、一部の児童しか発言しなかったりすることがありました。そこで、ムーブノートの選択肢集計、スタンプ集計などの機能を使い、名前の表示をなしにすることで、一人ひとりが正直に自分の思いを表現し、道徳の学習を進められるのではないかと考えました。

実 践 ⋯⋯⋯⋯⋯⋯⋯⋯⋯⋯⋯⋯ Practice

step 1 質問用紙を作成する

本時で学習する内容項目に関して、考えを聞きたいことについての質問用紙を作成します。ムーブノートでの回答方法は、記述や選択肢、スタンプなどがあります。今回はスタンプ集計を使った方法を紹介します。

スタンプ集計カードを作成します。まずは、スタンプを置く背景を別のソフトやアプリで作り、JPG画像に変換して、保存。「私のノート」画面をタップしリングメニューを表示させ、「スタンプ集計」を選択。カードの背景用に保存しておいた画像を選択・設定します。

理由などを書く欄を設けると、一人ひとりの考えをより具体的に聞くことができます。

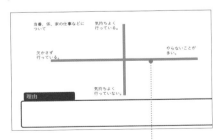

考えの傾向や答えの選択肢を、エリアを区切って配置できる画像などを背景として、自分の考えに近いエリアにスタンプを押してもらう

step2 広場の名前表示の設定を「OFF」にする

step 1 で作成したカードは、授業前や授業の初めに「私のノート」右上の「授業を開始」をタップして送り、子どもたち一人ひとりが、スタンプを押し、自分の考えを書き込んでいきます。書いたカードは「オクルボタン」から「広場」に提出。その際、「広場」画面左上のふたばマークからメニューを出し、プロパティをタップ。「広場の表示状態」を「制限なし」に、「オブジェクトに名前を表示」を「OFF」にしておきます。名前が表示されなくなり、子どもたちは安心して自分の考えを送ることができますし、見るときも誰の考えかではなく、内容に注目するようになります。

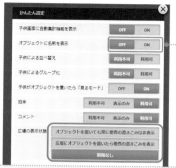

プロパティをタップすると出てくる「かんたん設定」から広場の表示状況を「制限なし」にして、互いのカードが見られるようにしておく。さらに、「オブジェクトに名前を表示」を OFF にして、カード提出者の名前を非表示に

step3 選択肢集計やスタンプ集計をする

「広場」に回答が出そろったら、先生の「広場」画面左側にある「スタンプ」をタップし、スタンプ集計をします。集計すると、考えの傾向が見えてきます。クラス全員の考えが可視化できるので、自分と同じ考えをもっている子が多いことで安心したり、違う考えの意見を聞きたいという気持ちが出てきたりします。「範囲追加」をタップし、画像上をドラッグして範囲を設定すると、その範囲にスタンプした子の名前だけを表示することもできます。

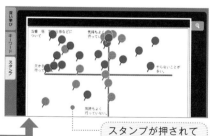

スタンプが押されている場所で、考えの傾向が見てとれる

先生の「広場」画面の「スタンプ」タグをタップすると、提出された子どもの答えが集計表示される

事例考案者
東京都公立小学校
青木秀夫 先生

ムーブノート

事例
26

学期末の成績処理や所見作成に有効！カード検索

事例の背景 .... ● Background

もう所見を書くのは怖くない！　検索ボタンを使えば一発解決！

　学期末に所見を打ち始めると、「何を書けばいいだろう…」と思うことはありませんか。そう思ったら迷わず、オクリンク・ムーブノートの「検索」ボタンを使いましょう。ここにはそれまで学習で使ってきたカードが眠っていて、子どもの名前での個別の検索や、教科ごと、期間を指定しての検索などができて大変便利です。

実　践 .... ● Practice

step 1 　左上の虫メガネマークをポチっとタップ

　ムーブノートやオクリンクの画面を開くと、時間割の画面が表示されます。画面左上に虫メガネマーク（検索）が表示されているので、そちらをタップ！

> 時間割画面左上の「虫メガネ（検索）」をタップ

時間割	Q 検索	テンプレート管理	カード共有	ムーブノート

| 3年 ▼ | 2組 ▼ | 2024年3月25日-3月31日 |

	25 (月) 今日	26 (火)	27 (水)	28 (木)	2
1 時間目					
2 時間目					
3 時間目					

画面上に出てくる出っ張りをポチ！

　虫メガネマーク（検索）をタップした後、操作に迷うことが多いです。日付選択と「個人で絞込み」のボタンそして逆三角形が書かれた出っ張りが表示されます。この出っ張りをポチッとタップすると画像のような検索画面が表示されます。ここから教科を指定したり、「個人で絞込み」から子どもの名前を検索したりすることができます。

個人で絞込み

三角形をタップすると、教科など詳細な検索条件が設定できる画面が開く

step3 児童名をクリックして、
個人名を選べばカードがたくさん！

　「個人で絞込み」をタップすると子どもの名前がリスト表示されます。所見を書きたい子どもをクリックすれば、その子がそれまでの学習で作ってきたカードがすべて出てきます。それを見ながら所見を書くことができます。教科や学期をかぶらないようにしたければ、指定して検索すれば問題ありません！　学習した履歴がすべて残っているからこそできることで、ミライシードの利点です。僕はこの機能を相当使っています。

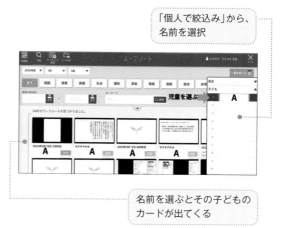

「個人で絞込み」から、名前を選択

名前を選ぶとその子どものカードが出てくる

事例考案者
東京都公立小学校
二川佳祐 先生

事例 27 歴史のまとめ！歴史的事象の意義を多角的、多面的に考えよう！

事例の背景 .... ● Background

物語の中のリアルから

　歴史分野の授業をしているとどうしても軽重がつけづらくなってきます。特に、文化史では網羅的に教え込むことが増え、生徒から「歴史って暗記科目でしょ？　面白くない」と言われたことが、本事例考案のきっかけでした。平面的に網羅的に覚える歴史になんとか立体感を出したいと思い今回の取り組みを考えました。すると生徒たちが自分たちで歴史に立体感を出していく姿が見られるようになりました。コメントの話型を示すことで、さらに深まりが出てきます。

実　践 .... ● Practice

step 1 生徒の答えがズレる主発問を考える

　生徒から多様な意見を引き出すために、生徒の考えがズレる主発問を考えます。単元のまとめや文化史の場面が最適だと思います。事前に、画像のようなカードを作成しておき、「私のノート」右上の「授業を開始」をタップすると生徒の「私のノート」に送られます。カードに記入させ、完成したら「オクルボタン」にドラッグ＆ドロップして「広場」に提出させます。

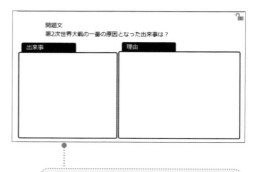

> 問題文
> 第2次世界大戦の一番の原因となった出来事は？
>
> 出来事　　　　　　　　　　理由

カードは、「私のノート」画面リングメニューから、「新規カード」を選択して作成

生徒にコメントをするように指示する

　提出されたカードに対して、評価し合います。互いのカードが見られるように、「広場の表示状況」を「制限なし」にしておきます。カード右側面の拍手やコメントのタグをタップすると、選択したカードに拍手を付けたりコメントを入力することができます。「共感したものに拍手を3つ、自分とは違った意見についてコメントを1つ以上書こう」など具体的な数を指定して、見合う・伝え合うように指示します。下記のようなコメントの話型を見せておくことが重要です。

　例　歴史的事象の意義について考える場合
　　○○の面については考えたことがなかったから発見でした。　　　　　　　（多面的に考える。）
　　自分はそう思っていなかったけど、□□について△△の説明がわかりやすくて納得しました。
　　　　　　　　　　　　　　　　　　　　　　　　　　　　　　　　　　　（多面的に考える。）
　　××の立場からみたら確かに□□は重要なポイントになったと思いました。
　　　　　　　　　　　　　　　　　　　　　　　　　　　　　　　　　　　（多角的に考える。）

 **授業のねらいに迫っている生徒たちの
やりとりを共有する**

　コメントの書き方が浸透していくと、ムーブノート上で生徒たちが話し合いをし、深めていく場面が見られるようになります。授業のねらいに迫る話し合いを見取り、アナログの場面で全体に紹介し、共有していきます。アナログで伝える際は、生徒のタブレットを机にしまわせると全体で共有しやすくなります。

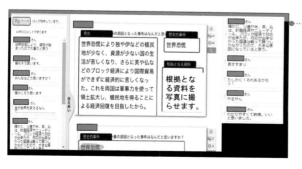

コメントによる
話し合いが活性
化していく

事例考案者
愛知県公立中学校
金原洋輔 先生

ムーブノート

事例 28

キーワード集計で 生徒の「気付き」を整理する

事例の背景 ...... Background

「気付き」の共有から気候のイメージをふくらませる !

　本事例は、中学1年生の社会「世界各地の人々の生活と環境」の単元の学習でキーワード集計を活用した事例です。この単元は、世界各地における人々の生活の特色やその変容の理由について、自然環境や社会的条件などに着目して考察していくことが重要な単元です。1学期ごろに学習する単元でありながら、資料などから世界各地の人々の生活の特色を読み取るだけでなく、「雨温図」という高度なグラフを読み取り、気候の特色を理解しなければなりません。「生徒たちが読み取った『気付き』をキーワード集計によって整理・共有することで『雨温図の読み取り』のハードルを少しでも低くしていこう」という実践事例です。

実　践 ...... Practice

step 1 　授業の準備　タブの追加

　今回の単元では、単元を通してムーブノートを活用します。地域による気候の違いを比較しやすくするため、「私のノート」画面に、地域(気候)ごとに5つのタブを作成しておきます。

私のノート左上にある「+」をタップして、タブを追加

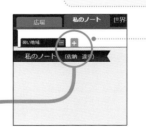

2つ目以降の地域(気候)のタブは、次回以降の授業で使用する

授業の準備　カードの作成

　「私のノート」画面をタップし、リングメニューから「新規カード」を選択してカードを作成し、生徒に送信します。カードには、問題文と雨温図の画像、生徒が入力するテキスト枠を作っておきます。カードの中に問題文があることで、課題の内容をいつでも確認することができます。また、授業の重要なポイントとなる資料をカードとして個人のタブレット端末に配信することで、生徒たちは自分の考えたことや読み取ったことを書き込んだりしやすくなります。

> 本時で考察する地域（気候）の雨温図などを取り込んでカードを作成しておく。「私のノート」右上「授業を開始」をタップすると、カードが生徒の「私のノート」に送られる

 授業の開始　雨温図の読み取り

　授業では、初めに生徒たちに雨温図から読み取った「気付き」を、カードのテキスト枠に入力してもらいます（前時に雨温図の読み取り方について学習しています）。入力の際には、カード編集画面のツールバーにある「ペイント」を使って雨温図に書き込んだりするようにも指示をします。

　入力を終えた生徒は「オクルボタン」から「広場」に提出。さらに、他の生徒のカードを閲覧して共有します。「広場」に提出したカード右側面に表示される拍手やコメントを付けるためのタグをタップし、「共感した」カ

ードや「自分では気付かなかったこと」のカードに拍手を付けるように指示を出しておきます。

> 「広場」画面左上のふたばメニューをタップ。プロパティから「広場の表示状況」を「制限なし」にしておく。「広場」に出されたカードを生徒も自由に閲覧できるようになる

ムーブノート

step 4 キーワード集計　それぞれの気付きを整理する

生徒のカードがすべて提出されたら、キーワード集計を始めます。「広場」画面左側の「キーワード」から「テキスト分析」をタップすると、カードへの入力が多かった単語が、その数とともに表示されます。それぞれの単語をタップすると、各カードの該当部分がマーキングされます。

生徒たちの入力したテキストが分析され、使用頻度の高い順に語句が表示される。品詞で絞り込んで分析することも可能

step 5 学びを深める

特定のカードをタップして拡大表示することができるので、特定の生徒の気付きに注目させることもできます。

これらの活動をそれぞれの地域（気候）の授業の導入で行うことで、生徒が気候に関する知識を得た状態で授業にのぞむことができます。

実際の授業では、この後、雨温図の読み取りから得た知識を元に、それぞれの地域の衣食住やその変容について、その地域で暮らす人々の様子を表した資料などから考えていきました。

一覧表示されているカードから、特定のカードを選択してタップすると大きく表示される

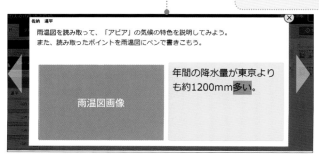

佐納　連平
雨温図を読み取って、「アピア」の気候の特色を説明してみよう。
また、読み取ったポイントを雨温図にペンで書きこもう。

雨温図画像

年間の降水量が東京よりも約1200mm多い。

考　察　・・・ Look Back

　本事例では、一見すると難しそうに見える「雨温図」について、それぞれの生徒が読み取った「気付き」を共有することで、クラス全員で１つの難しい資料をひも解いていく意識となるような授業を目指しました。授業中の生徒の反応を見ていると、「こんな読み取り方もあるのか！」と自分では気付けなかったことに驚いている生徒がいたり、「○○さんと一緒だ！」と他の生徒に共感する生徒もいたりして、ねらいどおりの授業となりました。

　背景には、それぞれのタブレット端末に見やすい資料が配信できることや配信された資料にペンで書き込みができること、それぞれが読み取ったことがキーワード集計により整理されることなど、ムーブノートに様々な機能があるおかげだと感じています。

　また、タブ機能を活用することで、１つの授業の学びを次回以降の授業に活用していくことも可能になりました。本事例の「雨温図の読み取り」は授業の中では通過点なので、この活動に時間がかかりすぎないように注意も必要ですが、生徒のグラフの読み取り能力は単元の授業が進むにつれて、高いものになっていきました。

ここがポイント　　Point

- ●一人では難しい課題にクラス全員で取り組むことができる
- ●資料に書き込むことで考えたことを「見える化」しやすい
- ●「キーワード集計」で生徒の考えを簡単に整理できる
- ●「タブ機能」を活用することで、他の地域の気候との比較が容易になる

事例考案者

大阪府公立中学校
佐納達平 先生

ムーブノート

事 例
29

ムーブノートを活用した ジグソー学習法

事例の背景 ....● Background

エキスパート活動とジグソー活動をもっと充実させたい！

　本事例は、中学校の社会科の授業で取り組んだムーブノートを活用したジグソー学習法です。特定の単元や授業ではなく、様々な授業に取り入れることが可能です。

　タブレット導入以前から、ジグソー学習法を行ってきましたが、「エキスパート活動の議論が停滞してしまうこと」や「最後のジグソー活動で考えをうまく言えない生徒がいること」が課題でした。これらの課題を少しでも解消していくために、ムーブノートを活用したジグソー学習を考え、実践を進めてきました。

実　践 ....● Practice

step **1**　授業の準備　タブの追加

　今回は、中学2年生の歴史的分野の授業を例に解説します。授業の学習課題は「明治維新の三大改革の中で最も重要な改革は何か」です。授業では初めに、3人のホームグループ（班）の中で「学制」「徴兵令」「地租改正」の担当を決め、担当グループでエキスパート活動を行っていきます。この活動に対応させるため、「学制」「徴兵令」「地租改正」の項目ごとにタブを追加していきます。さらに、班の結論を共有するためのタブも作成しておきます。

授業で使用したスライド

「私のノート」左上の「＋」をタップして、項目ごとにタブを追加

step 2 授業の準備　資料の追加

　次に、「私のノート」各項目のタブの上で、関連する参考資料などを取り込んだカードを作成しておきます。エキスパートグループでの話し合いがしやすくなるような資料を入れたり、読み取りの難易度が少し高めな資料を入れたり、授業に応じて工夫をすることもポイントです。また、決められた資料以外の活用も促すことで幅広い考えや意見が出やすくなります。

項目ごとに、話し合いの参考になりそうな資料を貼り付けたカードと、生徒の考えなどを記入させるためのカードを作っておく

リングメニューから「新規カード」を選び、資料画像を取り込んでいく

step 3 エキスパート活動

　それでは授業開始です。各項目のタブ右上の「授業を開始」をタップして、step2で作成しておいたカードを生徒の「私のノート」に送ります。

　班の3人で「学制」「徴兵令」「地租改正」の3つから担当を決めます。次に、担当ごとに3〜4人のエキスパートグループを作り、担当項目のタブの中にある資料を読み取ったり、話し合ったりしながら、それぞれの政策の重要性について考えていきます。エキスパートグループごとに考えたことを入力したり、資料を追加したりしながら、その政策の重要性をカードにまと

めていきます。まとめ終わったら「オクルボタン」からカードを「広場」に提出します。

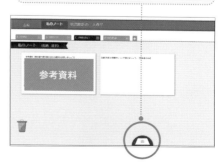

エキスパートグループごとにカードにまとめて、「オクルボタン」から「広場」に提出する

ムーブノート

step 4 ジグソー活動

　各エキスパートグループがまとめた内容は「広場」で共有されます。班に戻ってジグソー活動をする際に、エキスパートグループで話し合ったことを説明しやすくなります。

　「広場の表示状態」を「制限なし」に設定しておくことで、全員がすべてのエキスパートグループのカードを閲覧することができるようになるため、より多角的な視点を取り入れたジグソー活動になります。

> 「広場」画面左上のふたばマークをタップ。メニューからプロパティをタップすると、「かんたん設定」が表示される。一番下にある「広場の表示状況」を「制限なし」にしておく

かんたん設定		
子供画面に自動集計機能を表示	OFF	ON
オブジェクトに名前を表示	OFF	ON
子供による並べ替え	利用不可	利用可
子供によるグループ化	利用不可	利用可
子供がオブジェクトを置いたら「見るモード」	OFF	ON
拍手	利用不可	表示のみ	利用可
コメント	利用不可	表示のみ	利用可
広場の表示状態	オブジェクトを置いても常に他者の書きこみは非表示
	広場にオブジェクトを置いたら他者の書きこみを表示
	制限なし

詳細設定はこちら

step 5 班の結論をまとめる

　エキスパート活動やジグソー活動を経て、班として最終的な結論を話し合います。「各班の結論」のタブには、「明治維新の三大改革の中で最も重要な改革は何か」を選ぶため、選択肢とその理由を入力するためのカードを作成・配信しておきます。選択肢を入れたカードは、「私のノート」画面から、リングメニューの「選択肢集計」をタップして作成します。生徒が入力したカードを「広場」で共有すると、「選択肢集計」機能が活用できます。「広場」画面左の「選択肢」をタップすると、各選択肢の選択数が表示され、カードが整理しやすくなります。

> 選択肢は、カード編集画面上部に表示されるメニューから「選択肢」をタップしても作成できる

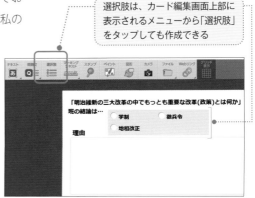

「明治維新の三大改革の中でもっとも重要な改革(政策)とは何か」
班の結論は…
　　○ 学制　　　　○ 徴兵令
　　○ 地租改正

理由

考　察　・・・・・・・・・・・・・・・・・・・・・・・・・・・・・・・・・・・・　Look Back

　本事例は、今回紹介した社会科の事例以外でも様々な単元や授業で応用できます。社会科は、グラフや写真、歴史的な資料、書物など、様々な資料から、社会的な事象について考えを深めることができる教科です。

　エキスパート活動では、意見を交換したり、協力して資料を読み取ったりしながら活動に取り組み、自分自身が「エキスパート」であるという実感をもち、責任をもって学習に取り組む生徒が多くいました。各自のタブレット端末の中に参考資料を送ることができることも、話し合いを活発化させる大きな要因だと感じました。

　ジグソー活動は、ムーブノートのよさが発揮された場面でした。本来は、1つのエキスパートグループの意見しか共有できませんが、ムーブノートがあることで、すべてのエキスパートグループのカードが閲覧できるようになり、より多角的な視点を取り入れたジグソー学習となりました。

　また、最後の班の結論を共有する場面では、「選択肢集計」の機能を活用することで、カードを整理しやすくなりました。

ここがポイント

Point

- ● ジグソー学習法とムーブノートは相性がよい
- ● 資料を送ることで話し合いが活発化する
- ● ムーブノートの活用でより多角的な視点を取り入れたジグソー学習になる
- ● 「選択肢集計」の活用で結論も整理しやすくなる

事例考案者

大阪府公立中学校
佐納達平 先生

ムーブノート

事例 **30**

生成 AI に伴走させることで 話し合いの土台を高める！

その他使用アプリなど：ChatGPT,NHK for School「昔話法廷」

事例の背景 •••••••••••••••••••••••••••••••••••••• ● Background

もっと自分の考えに "こだわり" をもたせたい！

　　自分の考えに"こだわり"をもたせるために、生成 AI を生徒の伴走者として活用したいと思って授業を作りました。特に公民の裁判員制度を疑似体験させる授業では白熱することが考えられます。その他の教科でも生成 AI を使うことで自分の意見にこだわりをもたせることができると考えられます。本事例は、やりたいけどなかなか時間をとることができない模擬裁判を「NHK for school」の「昔話法廷*」と組み合わせることで効率よくできる方法です。生成 AI が使えない場合は使わなくても白熱した授業は展開できます。　　*童話や昔話の登場人物を裁く、判決のない法定ドラマ

実　践 •••••••••••••••••••••••••••••••••••••• ● Practice

step **1**　**「昔話法廷」を見てムーブノートに個人の判断を書かせる**

　　「私のノート」リングメニューから「選択肢集計」を選択して、有罪か無罪かの選択肢と選択理由などを書き込めるスペースを設けたカードを作成しておきます。「昔話法廷」視聴後、「私のノート」画面右上の「授業を開始」をタップしてカードを生徒の「私のノート」に送り、生徒たちにムーブノートを開かせます。

　　裁判員制度では有罪・無罪だけでなく量刑まで判断しますが、量刑の判断は多岐にわたるので、取り組みやすくするため、授業では陪審員制度で行います。この点は生徒にしっかりと説明します。

> リングメニューから「新規カード」を選択後、カード編集画面上部のメニューから「選択肢」を選ぶ形でも、選択肢の作成は可能

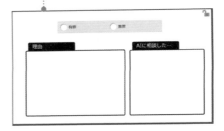

step 2　自分の理由を AI に相談する

　有罪か無罪か、AIに自分の判断について相談します。法律的な知識をAIに相談できるため、個人の感覚を理論化＆言語化できます。判断と判断理由、AIに相談した結果を書き込んだカードを、「オクルボタン」から「広場」に提出させます。

> 画像は「カチカチ山」で老婆を惨殺したタヌキを成敗したウサギを被告人にした「昔話法廷」を使用した実践例。正当防衛等について AI に質問した結果

> **You**
> 5の正当防衛または不当な報復についてもう少しわかりやすく教えて
>
> **ChatGPT**
> 「カチカチ山」の物語における正当防衛または不当な報復に関する論点を、もう少しわかりやすく説明します。
>
> **正当防衛とは？**
> 正当防衛とは、不法な攻撃から自身や他人を守るために必要な範囲で行う反撃を指します。これは、攻撃を受けた側が自己または他者の安全を確保するために、やむを得ず行った行為と認められる場合に限られます。

step 3　コメントをし合って全体で共有する

　提出されたカードにコメントを付けていきます。この際、「広場」画面左上のふたばマークからメニュー、プロパティをタップし、「広場の表示状況」を「制限なし」にして、互いのカードが見られるようにしておきます。

　コメントを付けたいカードを選択、「広場」画面左下「伝え合い」から「コメントを書く」をタップして、記入します。この活動が浸透すると、生徒が話し合いを自分たちで進めていく場面が見られるようになります。生成AIを使わなくても話し合いは白熱しますが、生成AIを使用すると自分の意見に自信をもつようになるため、より白熱した話し合いになると考えられます。

有罪

有罪だと思う。なぜなら王妃が1番明確な殺意を持っていたから。白雪姫が王妃をはめる方向で考えた時に自分が死ぬ可能性があることをするとは思えない。それに本当の話的にも王妃は悪者だったから。

6件のコメントがあります

　さん
確かに

　さん
もし白雪姫が王妃をはめようと考えていた場合、毒りんごを食べたこと自体も嘘になるんじゃないかなと思いました。

　さん
王妃が一番殺意を抱いていたという意見に納得しました。

　さん
この判決には大きく分けて不思議なことが3つある。一つは白雪姫が王子と会っていたことを隠して、眠りから覚めた時に初めて会ったと嘘をついたこと。二つ目は王妃がプライドの話をしたこと（りんごの好き嫌いのところで）三つ目はリンゴに王妃の指紋がついていなかったとしか結果が出されていないところ。（誰の指紋もついていないのか、他に誰かの指紋が付いていたのか）

> 画像は「白雪姫」の王妃を被告人にした「昔話法廷」を使用した実践例。提出されたカード右側面の「★」タグをタップすると、そのカードに付いたコメントが一覧表示され、話し合いの白熱度合いが見てとれる

事例考案者
愛知県公立中学校
金原洋輔 先生

115

津田 信 先生

　ミライシードで自分や友達の考えを「見える化」でき、子どもたちの表現方法が広がります！　教師も、授業の幅が広がり、いろいろなアプローチができます！　授業づくりを楽しみましょう！

中里彰吾 先生

　昨今の教育DXの流れによってリスキリングの必要性が随分と高まっているように感じます。この本を手にとったということはそういうことだと思っています。子どもたちのために一緒に学び続けましょう。

西村知夏 先生

　私が考えるタブレット活用のポイントは、「教材作成の時短」「効果的かつ効率的」「使うと楽しく学べる」です。この３つを意識して教材研究に邁進しています。

二川佳祐 先生

　知るか知らないかが大きな差となります。この本を読むことによって少しでも「知らない」が「知ってる」になることを願ってます！　この本を手にとってくださったことに感謝です。これからもつながり共に学び続けましょう！

福住里絵 先生

　ミライシードは、説明書がなくても、直感で動かすことができます。まずは使ってみてください。そしてこの中の１つの事例を真似してみてください。きっとそこから先生ご自身のアイディアがわいて、オリジナルの実践が生まれてくるはずです。一緒にチャレンジしていきましょう！

水谷智明 先生

　子どもたちも先生も楽しく、タブレットを使った授業ができる実践を紹介しています。ただ楽しいだけの授業ではなく、学力が付くタブレット活用を目指して日々実践しています。

吉田沙也加 先生

　「私もやってみたい！」と思う素敵な実践がいっぱいです。私が感じたように、私の実践も誰かのヒントになると嬉しいです。ミライシードで子どもたちとの学びを楽しんでください！

第2章
実践事例集

ドリルパーク

ドリルパーク

小学校全学年 　算数

事例 31 ドリルパークを気軽に、かつ持続可能に算数で使う

事例の背景 .... ● Background

ドリルパーク初心者！　という方におすすめの使い方

　「先生、終わったら何すればいいですか」。教科書の内容やプリントなどが終わった子がよく口にする言葉です。その背景には、「授業は先生の言ったことをこなす時間」と子どもたちが認識してしまっていることがあります。自戒も込めて言うのですが、学習の支援者でありたい教師が子どもの学びにフタをしてしまっているような状況が、現在多くの教室で見られます。本事例は、算数の毎回の単元でできるちょっとしたドリルパークの活用術です。早く終わる子の習熟や、先の学習を見通す効果が期待できます。自由進度学習的な活用にもつながっていきます。

実　践 .... ● Practice

step 1 単元が始まったら、課題配信！

ここから課題配信

　新しい単元の学習が始まったら、その単元のドリルパークの問題を「課題配信」します。その単元のすべての問題を配信してしまうといいです。ホーム画面左にある「課題配信」をタップ、配信先と配信種類を選択します。本事例では、クラス全員に送るので配信先は「クラス単位で配信」からクラスを選択。配信種類は「全員一律で同じ問題を配信」とします。選択が終わったら「問題を選択する」をタップします。

該当する学年と単元を選んですべて送る

次に、学年とドリル集を選びます。単元選択の画面になったら、該当する単元のドリルを選択していきます。本事例では、学習の進度に合わせず単元すべてのドリルを選択してしまいます。最後に右上の「配信設定へ」をタップ。課題配信編集画面が表示されるので、配信名称や配信日時、提出期限を設定し「上記内容で配信する」をタップして配信します。

最後に「配信設定へ」を押す

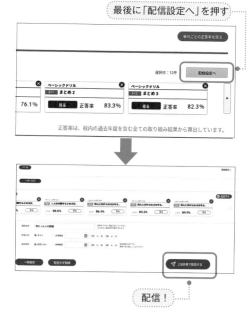

配信！

step3 **学習が終わったらドリルパークに取り組めることを子どもたちに周知**

課題を配信したら子どもたちに、教科書の学習や習熟問題が終わったら、ドリルパークに取り組めることを伝えておきます。進度が速い子は、単元内の先の学習に取り組むこともできます。さらに早い子には次の単元や、次の学年の関連単元に挑戦させるのも面白いでしょう。ホーム画面左の「課題履歴確認」をタップすると、課題配信管理画面から配信した課題の取組状況が確認できるので、フィードバックをしてあげることも大切です。

「取組結果確認」をタップすると、より詳しい取り組み状況が表示される

事例考案者
東京都公立小学校
二川佳祐 先生

小学校全学年　全教科

事例 **32**

オリジナルドリルを使った授業実践

1問でも多く問題を解かせたい　すきま時間の有効活用

　授業中に、あと数人先生がいて丸付けや個別対応をしてくれると助かるのに、と思ったことがある先生はたくさんいらっしゃるのではないでしょうか？　私もその一人です。授業中に課題の丸付けをしていると、「先生教えて」の声にすぐに対応できないことが多々ありました。子どもたちの「勉強が分かるようになりたい」という気持ちに応えたいと思い、ドリルパークを使った実践を始めました。児童がドリルパークを使うことで、教師は個別対応する時間が生まれ、児童は、問題を1問でも多く解くことができます。

step **1**　オリジナルドリルの作成準備

　学習単元で習熟すべきことのピックアップを行います。オリジナルのドリル問題を作成するときに、どのような問題を作る必要があるのかを考えるための大切な情報になります。どの教科でも必要になってくる作業です。教材研究時に、単元のポイントを明確にしておくと問題作成時に役に立ちます。

　次に、問題に必要な、写真や画像を用意します。文章だけの問題より子どもたちの解答意欲が向上します。写真や画像を使って作ることをおすすめします。

> オリジナルのドリル問題を作成すると、最終的にこのように表示される

step 2　オリジナルドリルの作成

　ホーム画面左のメニューの「ドリル問題作成」から「問題を新規登録」をタップ。さらに右上の「基本情報を編集する」をタップすると「ドリル基本情報の編集」が表示されます。ここで、学年や教科、単元、タイトルなどを選択、問題文や答えを入力してオリジナル問題を作成します。問題によって選択式や記入式など解答の形式を変えることができます。教科の特性や付けたい力に合わせて解答方法を決定していくとよいです。

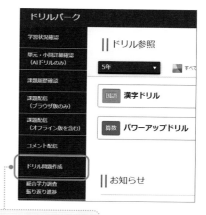

「ドリル問題作成」をタップしてオリジナル問題の作成開始

 step 3　オリジナルドリルの課題配信と活用方法

　オリジナルドリルを課題配信します。トップ画面左の「課題配信」をタップ、配信先を選択。配信種類は「全員一律で同じ問題を配信」を選択します。「問題を選択する」をタップし、作成した問題を選択して配信します。

　単元のどの時期に配信を行うのかは問題作成意図によって変わってきます。予習をさせてから単元に入らせたいのであれば、単元までに配信しておくことができます。

　６年生の社会科における本事例の実践では、単元テスト前に配信を行いました。単元終了までに身に付けてほしい学力の習得ができるように活用しました。

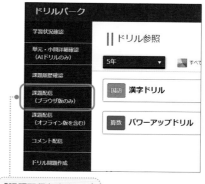

「課題配信」をタップして課題配信

ドリルパーク

 取り組ませるタイミングを考える

配信後、実際にドリルパークを取り組ませるタイミングも大切になってきます。具体的には次のようなタイミングが考えられます。

● 授業の導入時。本時の課題解決に必要な既習事項の確認や、前時の振り返りとして活用しました。

● 授業間のすきま時間。授業間のすきま時間や休み時間に子どもはドリルパークに取り組んでいました。自分のペースで学習したい子どもにはピッタリでした。

● 授業の終末での適応問題として活用。本時の習熟を図るために、また、子どもの正答率の把握にもなります。

 正答率を確認する

配信したドリルの、子どもたちの取組状況などを確認することができます。ホーム画面左の「課題履歴確認」をタップすると、配信した課題が一覧で表示されます。状況を確認したい課題の「取組結果を確認」をタップすると、子どもごとの正答率や取り組み回数など、詳細な取組状況が表示されます。

ここをタップして課題取組状況を確認

「取組結果を確認」をタップすると表示される画面（子どもの名前枠はカットしている）

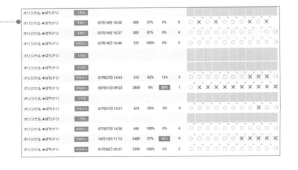

考　察 .... ● Look Back

　実践を通して、ドリルパークを有効活用することのよさは、3つあると感じました。

　1つ目は、教師が子どもへ個別対応する時間が増えたことでした。ドリルパークは丸付けまで完了するので、自力でどんどん問題を解決できる子は支援があまり必要ありません。支援が必要な子には、今まで丸付けなどをしていた時間を使って支援できます。そのおかげで、個別支援ができるようになり、学力の底上げに一役買ってくれました。

　2つ目は、子どもが問題を解く数が増えたことでした。一度配信した問題は子どもが何度もチャレンジすることができます。また、教師も子ども自身も、間違った問題を一覧で確認することができるので、全問正解するまで、弱点克服のために諦めずに課題に向き合うことができていました。

　3つ目は、他クラスで問題を共有することができ業務を削減できたことでした。学年全員に向けて問題を配信することもできるので、何クラス分ものプリントを作成、印刷する業務を軽減することができました。

ここがポイント　Point

- 個別対応する時間の増加
- 業務時間の削減が可能
- 子ども自ら課題解決する意欲が向上
- 子どもの正答率をすぐに把握することができる

事例考案者
京都府公立小学校
西村知夏 先生

小学校全学年 ・ 家庭学習

事例
33

家庭学習の配信・確認
意欲的に取り組む子どもを増やす

事例の背景 .... Background

AIで個別最適化されたドリル

最近、一斉一律の宿題をやめる学校が増えてきていると耳にします。ですが、家庭で学習する習慣を身に付けさせるためや、基礎・基本を定着させるために宿題に取り組ませている学校もまだまだ多いかと思います。

ドリルパークの「AIドリル」を使えば、子どもの習得状況に応じてAIが必要な問題を提案してくれます。

実 践 .... Practice

step **1** 課題配信

ホーム画面左の「課題配信」をタップし配信するクラスを選択。次に、配信種類として「全員一律で同じ問題を配信」または「一人ひとりに個別最適な課題を配信」を選び「問題を選択する」に進みます。学年、ドリル集、単元を選択すると、配信BOXに該当ドリル・単元が表示されます。「AIドリル」にできるのは「ベーシックドリル」です。この中から取り組ませたいドリルを選択し、右上にある「配信設定」をタップ。提出期限などを設定して配信します。「全員一律で同じ問題を配信」では、児童の解答状況に応じて補充の問題を出してくれ

ます。「一人ひとりに個別最適な課題を配信」では、同一教科の複数の問題から指定した時間内に取り組める量を精選して問題を作成してくれます。

ホーム画面左にある「課題配信」から配信を行う

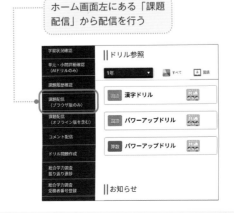

step2　課題の取り組み状況の確認

ホーム画面左の「課題履歴確認」をタップすると、過去に配信した課題の取り組み状況を確認することができます。

「全員一律で同じ問題を配信」で配信したドリルについては、選択したドリルごとに分かれて取り組み状況が表示されます。「一人ひとりに個別最適な課題を配信」で配信したドリルについては、選択したドリルの数に限らず、1つの問題として取り組み状況が表示されます。

配信履歴の確認画面。過去の配信状況が一覧で表示される。各項目の右端にある「取組結果確認」をタップすると、子どもごとの詳細が表示される

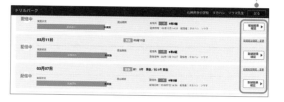

step3　一人ひとりの取り組み状況の確認

ホーム画面左の「学習状況確認」から「学習履歴」に進み、学年・クラスを選択すると、学習履歴として、学年やクラスの平均正答率、ドリルごとの正答率などが表示されます。個人名をタップすれば、一人ひとりの正誤状況や正答率や取り組み時間なども確認できます。

解答時間や問題の正誤だけでなく、何度も挑戦して解き直している子どもを見つけ称賛することで、家庭学習にも意欲的に取り組む子どもを増やせます。

学習履歴の簡易モード画面

事例考案者
東京都公立小学校
高橋蔵匡 先生

事例
34
単元末テスト・漢字小テストの予告【課題配信・分析】

事例の背景 .... ● Background

漢字ワークを活用しきれていないもどかしさ…

　教師になってから15年以上、副教材「漢字ワーク」を使用していました。しかし、生徒約160人分をとりまとめることに様々な困り感もありました。そこで、ドリルパークの力を借りてみたら、すべてが解決したのです。ドリルパークの漢字ドリルでは「トメ・ハネ・ハライ・書き順」までしっかり判定！　これまでワークで行っていた、提出から返却の時間が大幅に短縮！　課題配信と一緒に、テストの連絡が全員に行き渡る！　膨大な漢字ワークの添削と補助簿付けをやめたかわりに、単元ごとに漢字小テストを行うことができ、丁寧な達成度の確認と評価ができました。

実　践 .... ● Practice

step 1 　課題配信は、「タイトル」を付けられるのが便利！

　単元が終わるごとに単元末テストと漢字小テストを行うのですが、ドリルパークにある該当する単元ドリルを漢字小テスト出題範囲として使用します。テスト出題の範囲にしたいドリルを選択し、ホーム画面の「課題配信」ボタンをタップして生徒に送ります。その際、タイトルを単元末テストや漢字小テストの日付にしておきます。生徒はドリルパークを定期的に使っているので、それを見ることでテストがあることが分かります。欠席の生徒や不登校の生徒にも、伝達もれがありません。

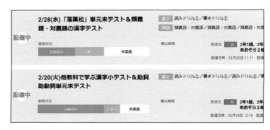

step2　課題の取組状況が確認できる！

　ホーム画面左の「課題履歴確認」をタップすると「課題配信管理」画面が表示され、配信予約・配信した課題が一覧で見られます。各課題の「実施状況」にカーソルを当てるだけで、生徒の名前が「実施済み」「実施中」「未実施」に分かれて一覧で表示されます。

> 「課題配信管理」画面。「実施済み」「実施中」「未実施」にカーソルを当てると、それぞれに該当する生徒名が表示されます

> より詳細な情報を確認するには「取組結果確認」をタップ

step3　正答率だけでは見えない、主体性や意欲まで数値で見とれる！

　step2の続きとして、「取組結果確認」をタップすると、生徒一人ひとりの取組状況、正答率などが表示されます。ここから、「この生徒はまだ問題に取り組んでいない」「正答率100％がとれるまで2〜3回、粘り強く挑戦してる」といったことが見てとれ、適切なフォローができます。

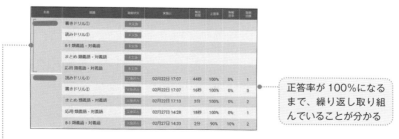

> この生徒は問題に取り組んでいないことが分かる

> 正答率が100％になるまで、繰り返し取り組んでいることが分かる

事例考案者
茨城県公立中学校
福住里絵 先生

ドリルパーク

中学校全学年 　全教科

事例 **35**

生徒が問題を出し合って、みんなで解き合って学び合う！【ドリル問題作成機能】

事例の背景 ....• Background

生徒が問題を作って、みんなで解き合う！

　学年末テスト３週間前の実践です。昨年度までは、テスト前というと「１人でワークなどに取り組んで提出」が流れでしたが、今年度はみんなで問題を出し合って解き合いました。生徒自身が問題を作るのですが、ヒントと解説も付けさせるので、理解がないと出題できません。出題側も解答側も、理解が深まるよいきっかけとなりました。クラスを越えて、他クラスの友達の問題も解くことができ、本校では、基礎問題から発展問題（マニアックな問題も！）まで、約120問が完成しました。

実 践 ....• Practice

step **1** 　生徒自身が問題を考える！

　生徒が「問題・答え・ヒント・解説」をプリントに書き込んで提出します（オクリンクのカードに書いて提出でもOK）。問題作成のポイントは、①教科書・ノート・授業で学習したオクリンクの資料から出題すること、②出題範囲を指定することです。生徒はポイントに沿って問題を作成します。生徒には、「問題作りも大切だけれど、ヒントと解説作りが一番大切です。分からなかった問題が分かるようになることを心掛けてください」と声掛けしました。

このプリントに書き込む形で問題作成

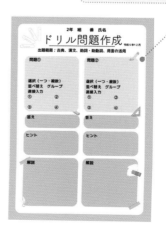

step **2** 教師が添削、ドリルパークで問題作成！

　教師は、生徒が考えた問題を添削した上で、ドリルパークでオリジナル問題として作成します。ホーム画面左の「ドリル問題作成」から「問題の新規登録」をタップすると、解答方式も選択式や入力式などが選べるオリジナルの問題が作成できます。

　生徒が問題を作成することで、その生徒の理解力が顕著に分かります。良問作成の力、解説力。そして、必要があれば、教師が解説や資料を補足していきました。

オリジナル問題作成画面。問題文やヒント、解説、答えの選択肢を入力していく

step **3** クラスごとに問題をまとめて１つのドリルに！　お互い解き合う！

　生徒たちは、友達が作った問題ということもあり、「難しすぎる〜」「マニアックすぎる！」と、楽しんで取り組んでいました。クラスを越えて、他クラスの友達の問題を解くこともできます。分からないときは「ヒント」ボタンをタップします。答え合わせのときの「ピンポン！」という音が、なんともかわいくて、励みになります。

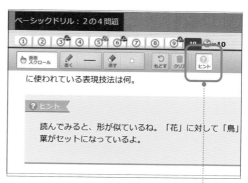

ドリルの各問題はこのように表示される。分からない場合は「ヒント」をタップする

２年１組から４組まで、クラス別のドリルが完成

事例考案者

茨城県公立中学校
福住里絵 先生

ミライシードコミュニティに参加しよう

ミライシード先生ラボ

　ミライシードを活用する先生方がつながるためのコミュニティサイトに、「ミライシード先生ラボ」があります。メンバー登録を行うと自己紹介ページが提供され、全国の先生方とつながることができます。ミライシードの活用相談や実践事例の共有はもちろん、「フリートーク」で授業外のことをやりとりすることも可能です（自己紹介ページやフリートークは「非公開」に設定すれば、メンバー登録者以外は閲覧できないようにできます）。

Benesse

域とともに小中学校教育の未来をデザインする

教育情報ONLINE

ログイン　お問い合わせ

理念・ビジョン　／　サービス ˅　／　導入事例　／　ニュース　／　イベント

ミライシード
ファンサイト

オンライン研修　活用・実践事例 ˅　先生コミュニティ　基本操作動画　新着情報　お問い合わせ　よくあるご質問　ミライシード
商品サイトはこちら

先生のためのミライシード活用支援サイト

全国の先生の実践事例やセミナー情報、アップデート情報等をまとめています

新着情報　｜　その他

「活用事例BOOK（2024年度春版）」のPDF
データを公開しました

新着情報　｜　その他

2024年度春版「活用事例BOOK」掲載のカード
の共有コード一覧公開のお知らせ

新着情報　｜　アップデート

年に一度のユーザーカンファレンス＜ミライ
シードSUMMIT2024＞参加お申し込み受付中

セミナーアーカイ

オクリンクプラ
アーカイブ動画

ミライシード ファンサイト

　先生方のミライシード活用を支援するためのサイト「ミライシード ファンサイト」では、各アプリの基本操作を説明する動画や全国の先生方の活用事例紹介はもちろん、新機能のリリース情報やイベント・Webセミナーなどの最新情報を公開しています。

　日々更新されている活用事例は、アプリ名や学年を選択し検索することも可能です。

全員で考え進めるモヤモヤゼロの授業展開

算数・数学のどんな単元でも使える！ムーブノート活用法

👤 金沢市立鞍月小学校　田野健太先生

ミライシードDXエデュケーター募集中!

【ミライシード DX エデュケーター】

DXエデュケーターの活動内容

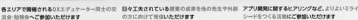

勉強会・交流会	授業公開	ミライシードのサービス改善
各エリアで開催されるDXエデュケーター同士の交流会・勉強会へご参加いただけます	日々工夫されている授業の成果を他の先生や外部の方に向けて発信いただけます	アプリ開発に関するヒアリングなど、よりよいミライシードをつくる活動にご参加いただけます

　子どもたちが自己肯定感を持ち、自分の将来にワクワクできるような未来に。ミライシードでは、ベネッセと「ミライの教育」を創造していく先生を「ミライシードDXエデュケーター」と定め、一緒に活動していきたいと考えています。一緒に挑戦に取り組む先生方を募集しています。詳細は下記QRコードからご確認ください。

ミライシード先生ラボ	ミライシードファンサイト
ミライシード DX エデュケーター募集サイト	

03

第 3 章
これからのミライシード

ミライシードは進化します！

　ミライシードはこれまで全国の先生方から寄せられた、たくさんの意見を基にアップデートを続けています。NEXTGIGA[※]に向けてもっと子ども主体の学びを。進化を続けるミライシードで「個別最適な学びと協働的な学びの一体的充実」を目指します。

※ 2024 年度以降に多くの自治体が GIGA スクール端末の更新時期を迎えます。この更新時期を迎えることを「NEXT GIGA」と表現しています。

新 アプリ登場 　オクリンクプラス

　オクリンクとムーブノートの機能や特長を統合させた新しいアプリ「オクリンクプラス」が登場しました。ミライシードを活用している先生方の声を反映し、協働学習・個別学習・振り返りを行う機能をより充実させ、1 つのアプリにまとめています。子どもたちが、より主体的に学びに向かえる空間を作り出します。

　2024 年度以降、複数回のアップデートを行い、学習活動にフィットしたアプリとして進化を続けていきます。

> 子どもたち自身が相談や意見交換をどんどん進められるアプリが欲しい！

> 少数派の意見も、もっと共有できるようにしたい

> 共同編集できるようになって、アイディアをたくさん出させたい！

【オクリンクプラスの基本画面】

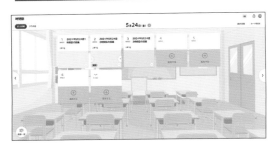

こんなことができる！

同時編集、他者参照で協働的な学びが進む

　オクリンクプラスでは、子どもたち同士の共同編集が可能です。
　１つのテーマに対して複数人が同時にアイディアを出し合うなど、協働的な学びを加速させます。

オクリンクプラスの機能「みんなのボード」画面

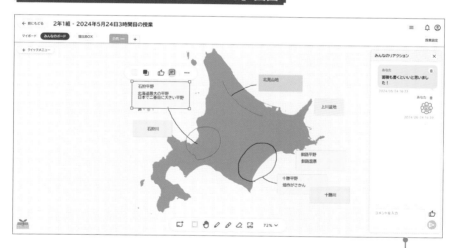

１つの図版（日本地図）を複数人で共有して、同時に考えやコメントをつけていくことができる

こんなことができる！

多様な表現で個人思考を深める

　自分の考えを様々な方法で表すことが可能になりました。
　カードのサイズ変更、図形へのテキスト入力など、シーンや内容に応じて自由に表現することができます。

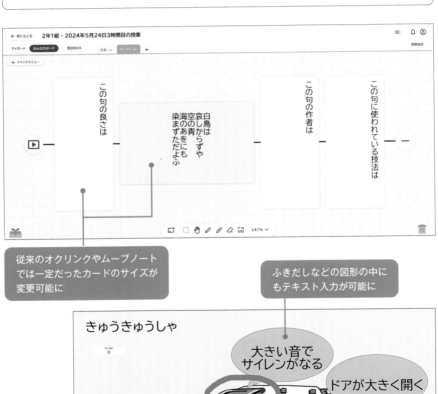

従来のオクリンクやムーブノートでは一定だったカードのサイズが変更可能に

ふきだしなどの図形の中にもテキスト入力が可能に

きゅうきゅうしゃ

大きい音でサイレンがなる

ドアが大きく開く

2年1組 - 2024年5月24日3時間目の授業

この句の良さは

白鳥は
哀しからずや
空の青
海のあをにも
染まずただよふ

この句の作者は

この句に使われている技法は

＼　こんなことができる！　／

フィードバック機能で丁寧な見とりが進む

提出物に対して一括でスタンプを押したり、コメントをつけたりできるように。先生から添削物が返却されると子どもにも通知があるため、スピーディなやりとりが可能です。

> スタンプは複数種類を用意。先生オリジナルスタンプの生成も可能（2024年夏以降を予定）

> 先生は、画面左の「メニュー」から提出物の公開状況を選択できる。画面右上の「設定」からは、公開状況を含め、提出期限など、より詳細な設定ができる

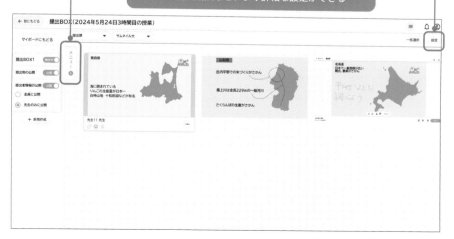

オクリンクプラス活用事例

小学校 | 国語

友達の反応から音読のポイントを探る
ポイントをとらえづらい技能へのフィードバック

事例考案者　東京都公立小学校　高橋蔵匡先生

実　践 | 詩の朗読や音読劇に取り組み、音声や映像の工夫をしている点を見つけていく場面で使用しました。

step 1 家庭や別室で各自アウトプットする

詩の朗読や音読劇の様子を、子どもたち自身でカメラで録画しカードに貼りつけ、「みんなのボード」に送ってもらいます。※授業内容に応じて、意識したことや工夫したことをテキストで入力させる。

step 2 教室で各自のアウトプットを見合う

「みんなのボード」に送られたカードを確認し、スタンプを送り合ったり、その人の発表のよい点をコメント入力したりします。子ども同士のコメントの送り合いが難しそうな場合は、第一歩として拍手などリアクションの送り合いを行います。慣れてきたら一歩進んでコメントの送り合いを促していきます。

> 友達のカードに、コメント入力やスタンプでリアクションしていく

クラス全体でポイントをまとめる

　スタンプの数を基に、お手本となる発表を教師がピックアップしてクラス全体で共有。付いたコメントを基に、音読する際のポイントをみんなで確認していきます。

> お手本に選んだカード
> を表示して全員で共有

 先生から児童へフィードバック

　子ども同士のコメントや反応を確認した上で、先生もスタンプやコメントでフィードバックします。

取り組み結果

　子ども同士のスタンプ、コメントによる学び合いがあることで、実態やコツをとらえづらい音読への意欲を高めることができました。

　最後に教師ともフィードバックのやりとりをすると、さらにポイントが整理できます。

　外国語のパフォーマンステストや音楽の実技評価にも使えると思います。

進化！ ドリルパーク

　小学校1年生から中学校3年生までの問題を搭載し、自動採点やリアルタイムでの取り組み状況把握、AIを用いた個別最適な学習を支援するアプリ「ドリルパーク」が進化しました。

　定期テスト前の復習に活用できる中学古典問題を増問。また、約400問の高校入試問題が追加されています（2024年3月）。授業で学習した内容の実戦演習や長期休みの力試しに最適です。さらに中学英語では教科書素材文で読解トレーニングや語句演習ができるよう約1500問を追加。朝学習時間など、短時間で演習ができるコンテンツも公開しています。

進化 ①
「高校入試問題」追加

高校入試で出題されそうな問題を単元ごとに用意。
習った単元にひもづく入試問題に挑戦できる

進化②
短時間学習向けコンテンツを公開

【第1弾コンテンツ「おぼえる」】

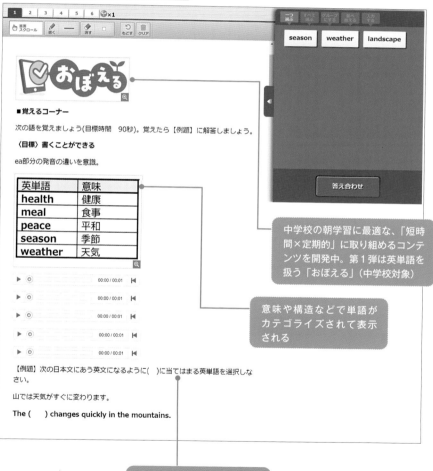

■覚えるコーナー

次の語を覚えましょう(目標時間 90秒)。覚えたら【例題】に解答しましょう。

〈目標〉書くことができる

ea部分の発音の違いを意識。

英単語	意味
health	健康
meal	食事
peace	平和
season	季節
weather	天気

中学校の朝学習に最適な、「短時間×定期的」に取り組めるコンテンツを開発中。第1弾は英単語を扱う「おぼえる」(中学校対象)

意味や構造などで単語がカテゴライズされて表示される

【例題】次の日本文にあう英文になるように( )に当てはまる英単語を選択しなさい。

山では天気がすぐに変わります。

The ( ) changes quickly in the mountains.

覚えた単語は「例題」ですぐに演習して、定着させる

新 アプリ登場　テストパーク 100

　2025年4月にはテストをデジタルで実施できる新しいアプリ「テストパーク」がリリースされる予定です。教科書の主要単元ごとの確認テストを収録しており、先生方のテスト作成や採点の負荷を軽減し、働き方改革につなげていきます。さらに、テスト後の解説や解き直し機能により、復習効果を高め、児童生徒の学力向上も支援します。

　2024年4月より、一部の学校でモニター利用が始まっており、先生方とともに共同開発と実証研究を進めています。

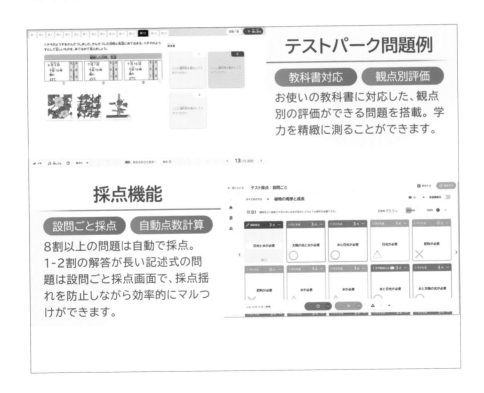

テストパーク問題例

教科書対応　**観点別評価**

お使いの教科書に対応した、観点別の評価ができる問題を搭載。学力を精緻に測ることができます。

採点機能

設問ごと採点　**自動点数計算**

8割以上の問題は自動で採点。1-2割の解答が長い記述式の問題は設問ごと採点画面で、採点揺れを防止しながら効率的にマルつけができます。

「子どもたち全員が主役になれる授業を」
「先生方とともに子どもたちの成長を喜び合いたい」
そんな思いで誕生したミライシードは、2024年にリリースから10年を迎えました。
現在では10,000校*を超える学校様でミライシードをお使いいただいています。

この10年間重ねてきた多くの改良、そして新しいアプリのリリース。
そのすべては現場の先生たちのご意見に基づいています。

全国の学校にお邪魔し授業を拝見していると、授業のねらい、実践の背景に先生たち一人ひとりの子どもたちへの思いがあることに気づかされます。
「少数派の意見にもっと光をあてたい」
「間違うことは怖くないと知ってほしい」
「もっと自信をつけてほしい」
これらの思いの実現に、ミライシードが少しでもお役に立てていることをとても嬉しく感じています。

先生たちの「もっと」をともにかなえていきたい。
未来をつくる子どもたちをともに育てていきたい。
ミライシードはこれからも先生方とともに前進してまいります。

最後に、執筆いただいた先生方、発起人であられます二川佳祐先生にお礼を申し上げます。
本当にありがとうございました。

ベネッセコーポレーション

*2024年4月導入実績より。無料モニターなどの数字は含みません。

【著者紹介】

青木秀夫（あおき　ひでお）　／ 東京都公立小学校教諭
浅見拓真（あさみ　たくま）　／ 石川県公立中学校教諭
岩本紅葉（いわもと　もみじ）　／ 東京都公立小学校教諭
金原洋輔（きんばら　ようすけ）　／ 愛知県公立中学校教諭
佐納達平（さのう　たっぺい）　／ 大阪府公立中学校教諭
高橋蔵匡（たかはし　そうま）　／ 東京都公立小学校教諭
たのけん（たの　けん）　／ 石川県公立小学校教諭
津田　信（つだ　まこと）　／ 長崎県公立小学校教諭
中里彰吾（なかさと　しょうご）　／ 札幌市公立小学校教諭
西村知夏（にしむら　ちか）　／ 京都府公立小学校教諭
二川佳祐（ふたかわ　けいすけ）　／ 東京都公立小学校教諭
福住里絵（ふくずみ　りえ）　／ 茨城県公立中学校教諭
水谷智明（みずたに　ちあき）　／ 京都府公立小学校教諭
吉田沙也加（よしだ　さやか）　／ 熊本県国立小学校教諭
ベネッセコーポレーション

※先生方の所属校は，2024 年 4 月時点のもの

子ども主体の学びを実現！
明日から使えるミライシード

2024 年 7 月 10 日　初版発行

著　　　者 ：ベネッセコーポレーション（執筆者代表）
発 行 者 ：花野井道郎
発 行 所 ：株式会社時事通信出版局
発　　　売 ：株式会社時事通信社
　　　　　　〒 104-8178　東京都中央区銀座 5-15-8
　　　　　　電話　03（5565）2155
　　　　　　https://bookpub.jiji.com/

編 集 担 当　松澤美穂
デザイン／ DTP　高橋洋一
撮　　　影　株式会社デザインオフィス・キャン加藤武（表紙・p 8 左下写真）
印刷／製本　株式会社　太平印刷社